Gertrud Braune

Mit Kindern unterwegs

Auf der Schwäbischen Alb

Fleischhauer & Spohn Verlag

Bildnachweis: Ulrich Sauerborn, Aalen (S.7, 10, 15, 18, 19, 24, 152); Bernhard Hildebrand, Aalen (S. 10); Stadt Heidenheim (S. 28); Gabriele Beintner, Ditzingen (S. 32, 54, 58); Dieter Keilbach, Stuttgart (S. 38, 41, 42, 47, 72, 74, 76, 78, 80, 82, 83, 86, 88, 89, 98, 100, 102, 104, 106, 112, 133, 143, 156, 159); Angela Gödrich (S. 51); Gerrit-R. Ranft (S. 61); Gemeindeverwaltung Dettingen (S. 63); Kurverwaltung Bad Urach (S. 65); Susanne Bäuerle, Mundelsheim (S. 67, 69); Beate Heibel, Schorndorf (S. 70, 136); Astrid Leibbrand, Ingersheim (S. 96); Tourist-Information Sigmaringen (S. 126); Stadtverwaltung Trochtelfingen (S.145); Fa. Wolfmediendesign, Hechingen (S. 146); Ingrid Fehringer (S. 153); die übrigen Aufnahmen stammen von der Autorin.

Layout: Rainer Wittner, 67435 Neustadt

Karte: Gestaltungsatelier Gebhard, 74821 Mosbach,
              e-Mail: gestaltungsatelier.gebhard @t-online.de

© 1987 by Fleischhauer & Spohn Verlag, 74321 Bietigheim-Bissingen

7. Auflage 2003

Gesamtherstellung: Laub GmbH & Co., 74834 Elztal-Dallau

ISBN: 3-87230-585-9

Inhalt

Inhalt

Die Schwäbische Alb ist reich an interessanten Kostbarkeiten. Sie ist ein wunderbares Ausflugsziel. Prachtvolle Burgen, geheimnisvolle Höhlen und erfrischende Bachläufe überziehen unser schwäbisches Mittelgebirge. Erlebniswanderungen sind gute Möglichkeiten, Kinder für das Wandern – sowohl zu Fuß als auch mit dem Fahrrad – zu begeistern.

Ich bin über die große Nachfrage nach dem vorliegenden Buch sehr erfreut. Die jetzt erscheinende 7. Auflage deutet auf die Beliebtheit dieses Werkes hin. Die Autorin hat eine schöne Auswahl abwechslungsreicher Wanderziele auf der Schwäbischen Alb zusammengetragen. Familien bekommen Anregungen, Wanderungen durchzuführen, die für ihre Kinder abenteuerlich und interessant sind. Spannende Erlebnisse werden die Kinder begeistern.

Ich wünsche auch dieser Auflage eine weite Verbreitung und den Lesern wunderbare Erlebnisse auf unserer Schwäbischen Alb.

Dr. med. Hans-Ulrich Rauchfuß
Präsident des Schwäbischen Albvereins e. V., Stuttgart

Die Schwäbische Alb –
für Kinder voller Abenteuer

„Aber ja nichts Gefährliches!" mahnte der Verlagschef besorgt, als er von „Abenteuern" auf der Alb hörte. Manche Mütter könnten gar nicht mit ansehen, wenn die Kinder so dicht an die Felskanten herantreten, wenn sie klettern und in alle Löcher und Höhlen kriechen wollen. Aber gerade das wollen die.

Deshalb sollen die Eltern nicht ängstlich verbieten, sondern lieber mitmachen. Unter Führung von Erwachsenen und mit der nötigen Umsicht passiert auf der Alb auch nicht mehr, als überall passieren könnte. Auf eigene Gefahr ist man immer unterwegs.

Bei den hier beschriebenen Ausflugszielen entscheiden die Eltern selbst, wohin sie mit ihren Kindern gehen wollen und gehen können. Für jedes Alter und jedes Bedürfnis ist etwas dabei: Spielplätze, Feuerstellen, Badeseen, Quellen, Wildparks, Museen, Burgen, Ruinen, Vulkane, Höhlen, Höllenlöcher, Erzgruben und mögliche Fundstellen für Versteinerungen. Tipps für den gelungenen Ausflug auf die Schwäbische Alb stehen am Schluss des Buches.

Noch eine Bitte: Falls Sie eine Veränderung an den beschriebenen Zielen und Strecken bemerken, seien Sie so nett und schreiben Sie uns. Schon morgen können Spielplätze demoliert, Bauwerke abgebrochen, Öffnungszeiten geändert sein. Die Eintrittspreise haben wir wegen ständiger Änderungen weggelassen, aber unter den angegebenen Telefonnummern können Sie sich informieren. Vielen Dank für Ihr Verständnis.

Ein „Dankeschön" auch unseren bekannten und unbekannten Fotomodellen. Was wären Spielplätze ohne Kinder!

Können Sie Karten lesen? Die Wegbeschreibungen sind zwar sehr genau, aber mit den angegebenen Kartenempfehlungen fühlen Sie sich sicherer, haben mehr Überblick und können weitere Ziele in der Nähe ansteuern.

Gertrud Braune

Ins Bergwerk nach Wasseralfingen

Wer davon hört, dass es auf der Schwäbischen Alb nicht nur Steine, sondern auch Eisen gibt, den treibt die Neugier auf den **Bergbaupfad** in Wasseralfingen. Der wurde schon 1979 angelegt, damit die Geschichte des Erzabbaus und der Eisenverhüttung im Aalener Raum lebendig bleibt. Hier am Braunenberg wurde jahrhundertelang das Eisenerz im Brauner Jura zu Tage gefördert. Zu den abbaufähigen [...] neisenkörnchen besonders dicht ge[...] tollen in den Berg hinein. Zum Teil [...] zugemauert. Die Ruinen der alten [...] Löchle", ebenso Unterkunftshäuser [...] und erzhaltiges Gestein liegt mas[...] nformationstafeln sind als Anschau[...] aufgehäuft; aber die kann sich nie-

Die Molkerei Planika stellt in der geschichtlich-ethnologischen Ausstellung „Von der Alm bis zur Molkerei Planika", das Erbe der Weidewirtschaft und **DIE ENTWICKLUNG DER KÄSEHERSTELLUNG IM SOČATAL VOR**. In der Ausstellung wird ein Dokumentarfilm gezeigt, der die traditionelle Verarbeitung von Milch zu Käse und Quark zeigt, der auf

Schüler beim Fossiliensammeln am Braunenberg

Wie kommt man nach Heidenheim, Nattheim und Königsbronn?
A 7, Ausfahrt Heidenheim (Nr. 116). Heidenheim liegt im
Schnittpunkt der B 466 und B 19.

Nach Nattheim führt die B 466 weiter, teilt sich aber wenige
Kilometer hinter Heidenheim. Zum Parkplatz „Schmaleich"
wählt man die rechte Abzweigung. Die Wanderung zu den Bohnerzgruben ist sechs Kilometer lang.

Ein sehr schöner Grill- und Rastplatz (mit Hütte) liegt an der
Straße nach Oggenhausen (vor Nattheim rechts abbiegen!). Von
diesem „Wanderparkplatz beim Sportheim" kann man auch zu
den „versoffenen" Bohnerzgruben marschieren.

Königsbronn liegt nördlich von Heidenheim an der B 19.

Torbogenmuseum im Klosterhof
mit Landesfischereimuseum, Fürstensaal etc.

Öffnungszeiten:	April bis Oktober	
	sonn- und feiertags	11.00 – 17.00 Uhr
	sonst nach Vereinbarung	

Auskünfte:	Rathaus
	Telefon: 0 73 28/96 25-0
	e-mail: gemeinde.koenigsbronn@t-online.de
	Internet: www.koenigsbronn.de

Besonderer Tipp:
Bohnerzgruben liegen auch am „Heimatgeschichtlichen Rundweg" in Veringenstadt im Laucherttal. Sie sind für Besucher um
erklärende Tafeln und einige Utensilien aus der Zeit des Bohnerzabbaus bereichert worden. Bohnerze findet man dort an Ackerrändern, etwa bohnengroß, grau bis braun und schwerer als ein
gewöhnlicher Stein.

Kartentipp:
1 : 50 000 Landesvermessungsamt Baden-Württemberg Blatt F 16
        Aalen – Heidenheim

Ins Bergwerk nach Wasseralfingen

Wer davon hört, dass es auf der Schwäbischen Alb nicht nur Steine, sondern auch Eisen gibt, den treibt die Neugier auf den **Bergbaupfad** in Wasseralfingen. Der wurde schon 1979 angelegt, damit die Geschichte des Erzabbaus und der Eisenverhüttung im Aalener Raum lebendig bleibt. Hier am Braunenberg wurde jahrhundertelang das Eisenerz im Braunen Jura zu Tage gefördert. Zu den abbaufähigen Flözen, in denen die feinen Brauneisenkörnchen besonders dicht gelagert sind, ziehen sich mehrere Stollen in den Berg hinein. Zum Teil sind sie nun vergittert, zum Teil zugemauert. Die Ruinen der alten Seilbahn stehen noch am „Süßen Löchle", ebenso Unterkunftshäuser der Bergleute, Pulvermagazine – und erzhaltiges Gestein liegt massenhaft herum. An einer der Informationstafeln sind als Anschauungsobjekte ganz große Brocken aufgehäuft; aber die kann sich niemand in die Tasche stecken.

Schüler beim Fossiliensammeln am Braunenberg

Ausfahrt aus dem „Tiefen Stollen" um 1900...

... und heute

Wie kommt man nach Wasseralfingen und zum Bergbaupfad?
A 7, Ausfahrt Aalen/Westhausen (Nr. 114), dann über die B 29
und B 19. Wasseralfingen ist mit Aalen zusammengewachsen. An
der B 19, zu Beginn des Stadtbezirks Wasseralfingen, wird der
„Tiefe Stollen" bei der Auffahrt „Röthardt 2 km" angezeigt. Auf
jeden Fall folgt man dem Bergwerkszeichen der gekreuzten
Hämmer ✕ schon am ersten Kreisverkehr. Es geht weit hinauf bis
zum Parkplatz am „Tiefen Stollen" (Bushaltestelle „Erzstollen").

Öffnungszeiten:	Saison Mitte März bis Mitte November
	Einfahrten täglich alle 20 Minuten
	(auch an Feiertagen) 9.00 – 12.00 Uhr
	und 13.00 – 16.00 Uhr
	letzte Einfahrt 16.00 Uhr
	montags Ruhetag
	Anmeldung für Gruppen ist empfohlen.
	Sonderveranstaltungen, wie Kindertheater,
	Konzerte, Museumstage etc. bitte erfragen.
Auskünfte:	Besucherbergwerk Tiefer Stollen
	Telefon: 0 73 61/97 02 49
	e-Mail: tiefer-stollen@aalen.de
	Internet: www.aalen.de, www.bergwerk-aalen.de

Einkehr:
Gasthaus Erzgrube, Telefon: 0 73 61/7 15 24
Naturfreundehaus Brannenberg, mit Grill- und Spielplatz,
Telefon: 0 73 61/97 18 36

Kartentipp:
1 : 50 000 Landesvermessungsamt Baden-Württemberg Blatt F 16
            Aalen – Heidenheim

Zu den ältesten Bohnerzgruben auf der Ostalb

Bei einem Ausflug nach Heidenheim kann man unglaublich viel erleben. Ganz in der Nähe liegen die ältesten Bohnerzgruben der Alb mitten im Walde. Sie sind schon seit langem verlassen und haben sich zum großen Teil mit Wasser gefüllt. Die „Wagnersgrube" ist reich mit Seerosen bewachsen, deren Samen Wildenten eingeschleppt haben müssen. Die noch größere „Ilgengrube" gleicht einem kleinen See – sofern man sie entdeckt hat. Beide sind Naturdenkmale.

Ganz anders sah es aus, als hier oben in St. Margareten noch die Erzknappen tätig waren und die Bauern mit ihren Gespannen das im Tagebau gewonnene Bohnerz auf den „Erzwegen" hinunter in die Hüttenwerke führten. In Königsbronn hatten die Mönche des Zisterzienserklosters schon im 14. Jahrhundert von Kaiser Karl IV. das Recht bekommen, Erze zu graben und zu verarbeiten. An den beiden starken Karstquellen der Pfeffer und der Brenz bauten sie ein Hüttenwerk und die Hammerschmiede, denn Wasserkraft brauchte man zum Betreiben von Maschinen.

Ein Ausflug zu den Erzgruben wäre ohne den Besuch im Torbogenmuseum von Königsbronn aber wie ein Fernseher ohne Strom. Erst dort wird die Geschichte der Erzgewinnung und -verhüttung lebendig. Auch Proben des erzhaltigen Gesteins sind ausgestellt. Schade, dass zu den alten Bohnerzgruben keine wegweisende Spur von hübschen, kleinen, glänzenden Bohnerzen ausgelegt ist. Aber man findet die Gruben auch so – und vielleicht sogar Bohnerze, wenn man in der Erde grubelt.

Zuerst wird die Landkarte studiert. Oh Schreck! Genau über den Wald St. Margareten, wo jahrhundertelang die Erzknappen schürften und viele Gruben zurückließen – auf der Karte wimmelt es nur so von Löchern und blauen Punkten –, zieht jetzt die Autobahn und trennt die „Wagnersgrube" von der „Ilgengrube". Dabei liegen beide dicht beieinander. Es gibt jedoch einen Durchlass unter der Autobahn; man muss nur etwas weiter marschieren.

Ein Wanderweg (*rote Gabel*) führt von Heidenheim aus zur „Wagnersgrube" (hinterm Bahnhof durch die „Seestraße", knapp fünf Kilometer). Man kann jedoch mit dem Auto bis ins Gebiet der alten Bohnerzgruben fahren und dem *Jubiläumsweg Schwäbischer Albverein Nattheim* folgen. Dorthin fährt man auf der B 466a (Zubringer zur A 7) von Heidenheim in Richtung Nattheim, unter der Autobahn hindurch. Nach einem Kilometer jenseits der Unterführung ist rechts ein Wanderparkplatz angezeigt. Hier biegt man rechts ein, folgt dem Sträßchen rechts durchs Firmengelände und findet kurz vorm Wald den Parkplatz. Auf der Wanderkarte steht „Schmaleich". An diesem Parkplatz gab es früher eine Köhlerei. Doch den angezeigten **Schaumeiler** muss man suchen. Er steht rechts am Waldrand. Ab hier zieht die Route des *Jubiläumsweges* (auch *Albvereinswanderweg* mit der *roten Raute*) direkt zur „**Ilgengrube**". Das Ufer ist im Sommer vermutlich so verkrautet, dass man die Wasserfläche kaum sieht.

Also folgt man dem Wanderweg weiter und kommt nach einem knappen Kilometer zum anderen Ende des Sees. Hier könnte man durchs Gestrüpp pirschen, um das Wasser zu sehen. Auffallend ist die rote Erde überall. Denn in den rötlich-braunen Schichten des Jura steckt Eisen. Bei der Verwitterung dieser Schichten bilden sich im Lehm kleine oder auch größere Knollen, die etwa 25 bis 40 Prozent Eisen enthalten. Man findet sie an vielen Stellen auf der Alb. **Bohnerze** wurden zuerst aufgesammelt und erst später bergmännisch in großen Mengen aus offenen Gruben herausgeholt.

Auf dem markierten Weg geht es weiter, bis die Unterführung durch die Autobahn rechts abzweigt. Hinter dem Durchlass kommen wir rechts aufwärts zur „**Wagnersgrube**" (*rote Gabel*). Eigentlich sind es mehrere Wasserlöcher, zwischen denen man seinen Weg sucht. Am höheren Ufer auf der Nordseite erklärt eine Tafel, dass in den umliegenden Gruben schon in römischer Zeit Bohnerz gegraben und durch Niederschmelzen mit Holzkohle verarbeitet wurde: „Im Mittelalter bis ins 19. Jahrhundert wurde das Bohnerz aus den Wäldern von Auernheim bis Giengen im Schmelzofen von Heidenheim und in den Eisenwerken von Königsbronn verhüttet. Holzhauer, Köhler, Erzausbringer und Fuhrleute wurden beschäftigt." Dass es noch viele Berufe mehr waren (Erzscheider, Erzwäscher, Schmelzer, Ofenknechte, Schlackenschieber usw.) zeigen in Königsbronn anschauliche alte Stiche.

Am besten geht es auf dem gleichen Weg zurück, jedoch mit einem kleinen Umweg zu anderen kleinen Mulden, aus denen früher Bohnerz geholt wurde: Noch vor der „**Ilgengrube**" biegen wir rechts in die Waldflur „Stiefelzieher" ein. Nach zehn Minuten kommen wir an eine Wegteilung, wo auf der Karte etliche Bohnerzgruben verzeichnet sind. Ausschwärmen! Auf dem links abbiegenden „Ascherhau-Weg" kommen wir sehr schnell zum Parkplatz „Schmaleich" zurück.

In Königsbronn an der B 19 (Richtung Aalen) wird die Zufahrt zum **Brenzursprung** und zum **Torbogenmuseum** angezeigt. An der Schranke geht es links übers Bahngleis. Wenn man durch den Torbogen des ehemaligen Klosters zum Parkplatz einfährt, ist klar, woher das Museum seinen Namen hat. Da ist natürlich noch mehr zu sehen als die uns jetzt so brennend interessierende Erzbauabteilung. Da steht zum Beispiel das Modell eines Hochofens von 1811, den der bekannte Bergingenieur Faber du Faur entwickelt hat. Die Hintergrundgeschichte: Mit diesem Ofen konnten endlich die beim Schmelzen entstehenden giftigen Gase unschädlich gemacht und nutzbringend verwertet werden. Bis dahin fiel immer mal wieder ein Arbeiter ohnmächtig um und wurde in einem Drahtkorb ins Freie getragen. Kam er wieder zu sich, hatte er Glück. Wenn nicht, gab es ein „zünftiges" Begräbnis.

Tatsächlich waren die Erzknappen zu einer zunftähnlichen Gewerkschaft zusammengeschlossen. Da war alles streng geregelt, auch Hochzeit und Beerdigung. Jedes Jahr wurde Kassensturz in der Zunftlade gemacht, die nur mit den drei Schlüsseln der drei ernannten Meister zu öffnen war (die Lade steht in Königsbronn). Hinterher gab es ein Festessen, wo jedermann vorgeschrieben war, sich „ehrbarer Sitten zu befleißigen". Als streng verboten galt das „Heimtragen von Wein und Brot" und das „Zulaufen der Weiber". Die Männer wollten in ihrer Berufsorganisation unter sich bleiben, obwohl Weiber und Kinder bei den niederen Arbeiten wie Erzklauben ebenfalls beschäftigt wurden.

Die Tracht der Erzknappen ist noch erhalten. Hier in Königsbronn werden sie in einer Vitrine gezeigt. Auffallend dick steht der Herr Obersteiger neben den schmächtigen Bergleuten, die bei der schweren Arbeit keinen Speck angesetzt haben. Arbeitsgeräte der Bergleute und Hüttenarbeiter sind ebenfalls zu sehen. Mit einem einfachen Öllämpchen haben sie im Dunkeln gerackert, denn in Wasseralfingen am Braunenberg (siehe Kapitel 1) mussten lange Stollen in den Berg getrieben werden, um das Eisenerz herauszuholen.

Welch schöne Dinge im Hüttenwerk Königsbronn neben Nägeln und Rohren hergestellt wurden, zeigt die Sammlung von Ofenplatten und Brunnentrögen. Auch Grabplatten wurden aus Eisen gegossen.

Noch manch anderen Tipp erfährt man in Königsbronn: Drüben an der Pfefferquelle, genau auf der anderen Talseite, sind noch alte Teile des Hüttenwerks zu sehen. Vielleicht kann man in den Backsteinbauten an der Pfeffer durch blinde Fenster und Türritzen spicken (Einfahrt: „SHW", „Ochsenberger Weg").

Und dann sollte man – zwischen Königsbronn und Aufhausen – die paar Kilometer hinauffahren in Richtung Großkuchen. Vorher, im kleinen Weiler **Rotensohl**, zweigt links ein Sträßchen ab zur „Köhlerei". Auf dieser alten Kohlplatte rauchen die Meiler wie ehedem, als die Holzkohle noch zur Verhüttung der Bohnerze gebraucht wurde. Zwei Familien setzen noch ihre Meiler und erzählen gern über ihre Arbeit. Falls der Räucherduft Appetit macht und etwas Gutes in der Kühltasche steckt, kann gleich die Qualität der jetzt zum Grillen bestimmten Holzkohle ausprobiert werden. Ein Grillplatz ist dabei.

Die Köhler bei der Arbeit im Weiler Rotensohl

Wie kommt man nach Heidenheim, Nattheim und Königsbronn?
A 7, Ausfahrt Heidenheim (Nr. 116). Heidenheim liegt im Schnittpunkt der B 466 und B 19.

Nach Nattheim führt die B 466 weiter, teilt sich aber wenige Kilometer hinter Heidenheim. Zum Parkplatz „Schmaleich" wählt man die rechte Abzweigung. Die Wanderung zu den Bohnerzgruben ist sechs Kilometer lang.

Ein sehr schöner Grill- und Rastplatz (mit Hütte) liegt an der Straße nach Oggenhausen (vor Nattheim rechts abbiegen!). Von diesem „Wanderparkplatz beim Sportheim" kann man auch zu den „versoffenen" Bohnerzgruben marschieren.

Königsbronn liegt nördlich von Heidenheim an der B 19.

Torbogenmuseum im Klosterhof
mit Landesfischereimuseum, Fürstensaal etc.

Öffnungszeiten: April bis Oktober
sonn- und feiertags   11.00 – 17.00 Uhr
sonst nach Vereinbarung

Auskünfte: Rathaus
Telefon: 0 73 28/96 25-0
e-mail: gemeinde.koenigsbronn@t-online.de
Internet: www.koenigsbronn.de

Besonderer Tipp:
Bohnerzgruben liegen auch am „Heimatgeschichtlichen Rundweg" in Veringenstadt im Laucherttal. Sie sind für Besucher um erklärende Tafeln und einige Utensilien aus der Zeit des Bohnerzabbaus bereichert worden. Bohnerze findet man dort an Ackerrändern, etwa bohnengroß, grau bis braun und schwerer als ein gewöhnlicher Stein.

Kartentipp:
1 : 50 000 Landesvermessungsamt Baden-Württemberg Blatt F 16
Aalen – Heidenheim

... und selbst ein alter Römer sein

Schlechtes Wetter wäre überhaupt kein Hindernis für diesen Ausflug nach Aalen, bei dem Kinder endlich einmal sehen können, was vor rund 1 800 Jahren am Limes passierte, wie dieser Grenzwall wirklich aussah und was die Römer auf der einen und die Germanen auf der anderen Seite machten.

Das **Limesmuseum** auf dem Gelände des ehemaligen Kastells Aalen bringt seinen Besuchern jene Geschichtsperiode nahe, die für Baden-Württemberg besondere Bedeutung hat. In den südwestdeutschen Raum stießen die Römer zu Beginn unserer Zeitrechnung vor, besetzten das Land und sicherten das neu gewonnene Gebiet durch eine befestigte Grenze, eben den Limes.

An vielen Stellen unseres Landes sieht man die Reste jener Grenzbefestigung und noch weit eindrucksvollere Zeugen aus der Römerzeit: die Ruinen von Kastellen, Gutshöfen, Bädern. Vielfach sind auf den noch erhaltenen Grundrissen wieder Bauteile hochgezogen worden. Aber ehrlich: Macht das Kindern großen Eindruck? Die Mauern reizen sie allenfalls zum Klettern. Wall und Graben des Limes, in Wald und Flur noch erkennbar, sind für Kinder ebenfalls enttäuschend, weil sich ihre Fantasie darunter viel mehr vorgestellt hat.

Das Bedürfnis der Kinder, den Limes genau so zu sehen, wie er einmal war, wird im Aalener Museum voll erfüllt. Im Oberstock steht nämlich in einem verdunkelten Seitenraum ein acht Meter langes, hell erleuchtetes *Diorama*. Kleinere Kinder dürfen auf den Sockel treten, damit ihnen ja nichts entgeht, was da alles am Limes geschieht. Erst wenn sie sich an diesem Schaukasten satt gesehen haben, werden die im Museum ausgestellten Tafeln, Modelle und Funde lebendig: Da ist ja die große Jupitersäule – die stand im Diorama auf dem römischen Gutshof! Und genau so ein Signalhorn haben die Reiter mit sich geführt! Im Diorama ist jede Kleinigkeit historisch getreu nachgebildet. Und zwar ist eine ganz bestimmte Situation dargestellt:

Im Spätsommer des Jahres 212 unserer Zeitrechnung – die Ernte ist gerade in vollem Gange – haben die Römer durch ihre Grenzwachen Kunde davon bekommen, dass alemannische Reiterscharen sich zusammenrotten und auf den Limes zumarschieren. Deshalb treffen die römischen Truppen im Kastell Aalen – das steht ganz links – ihre Vorbereitungen zur Abwehr.

Eine große Reiterschar zieht aus. Aalen war das größte Kastell nördlich der Alpen, das mit 1 000 Reitern doppelt besetzt war. Außerdem galt es als das größte Hilfstruppenlager am Limes zwischen Rhein und Donau. Im Hintergrund des Schaukastens wimmelt es von Kriegern, die mit Gefechtsübungen gedrillt werden. Kohorten treffen im Eilmarsch ein. Für alle wird gerade ein großes Lager gebaut. Im Mittelgrund wird mit merkwürdigen Instrumenten das Gelände vermessen. Dahinter behauen andere schon die Balken für die Baracken. Im Wald wird weiteres Holz für den Aufbau geschlagen und herbeigeschafft. Auf der linken Seite ist alles in militärischer Bereitschaft.

Salve!

In der Mitte dagegen sieht man, wie sich die Römer in der neuen Provinz hinter dem Limes häuslich eingerichtet haben. Da steht ein großer Gutshof mit den üblichen Nebengebäuden, wozu auch ein Badehaus gehört. Die Äcker sind wohlbestellt, man sieht sogar, was alles angebaut wurde. Die hatten sogar schon landwirtschaftliche Maschinen! Zwei Ährenschneider sind im Diorama zu sehen: Das sind die Wagen mit den Zacken vorn. Damit wurden die Ähren abgerissen – hinten fielen sie in den Kasten. Soldaten helfen bei der Ernte. Die römischen Siedler sind arglos, sie denken, es handle sich um eins der üblichen Sommermanöver.

Eine römische Bauernfamilie hält gerade Mittagsrast im Schatten eines Baumes. Denen geht's gut! Im Hof tummeln sich Hühner und viele andere Haustiere – während die Germanen auf der anderen Seite des Limes noch dabei sind, Bären und Hirsche zu jagen.

Richtig, da steht der Limes! Eine starke Mauer mit Wachttürmen aus Stein (im Museum wird genau erklärt, wie die Grenzbefestigung immer weiter stabilisiert worden ist). Am bewachten Tor wird eifrig gehandelt und gefeilscht. Was haben die Kaufleute aus den römischen Gebieten wohl in den großen Ballen? Wollen sie den Germanen feine Stoffe bringen, Seide etwa? Und was bringen die Germanen angeschleppt? Ein sehr begehrter Artikel war blondes Frauenhaar. Daraus ließen sich die feinen Römerinnen Perücken machen. Deutlich sieht man an den Zinnfiguren, was für schönes Goldhaar die Germanenfrauen haben.

Nachbildung eines römischen Wachtturms (Maßstab 1 : 10)

Ob die Germanen vor dem Limes noch nichts vom bevorstehenden Krieg ahnen? Schaut einmal rechts in die hinterste Ecke! Da oben auf dem Berg sind bereits die alemannischen Reiter mit ihrem Heerführer angerückt, spähen die Lage am Limes aus und sehen natürlich, was sich drüben bei den Römern tut. Bald kam es auch zur Schlacht – doch die Alemannen wurden geschlagen.

Das Diorama mit seinen vielen bunten Zinnfiguren ist eigens für Kinder geschaffen worden, damit ihnen Geschichte Spaß machen soll. Wer in der Schule nicht ganz mitgekommen ist, wie das vor fast 2 000 Jahren mit den Römern in Germanien war, dem geht im Limesmuseum ein ganz großes Licht auf!

Deshalb melden sich auch immer mehr Schulklassen und Jugendgruppen für die besonderen Veranstaltungen im Museum an. Da gibt es Filme, Römerspiele, eine Kleiderecke, in der man sich römisch verkleiden kann. Brot backen, Münzen gießen, Zinnfiguren bemalen steht auf dem Programm. Das kann man anfordern. Ein tolles Angebot für Kinder zwischen 7 und 13 Jahren: Geburtstag feiern im Limesmuseum (Unkostenbeitrag!).

Mehrmals im Jahr gibt es Familientage mit besonderen Darbietungen und alle zwei Jahre im September die schon berühmten „Römertage" (Termine abfragen!).

Das Museum steht mitten im Gelände des einstigen Kastells. Deshalb gibt es auch draußen viel zu sehen! Die Grundmauern des Staatsgebäudes (principia) und das linke Lagertor. Ein über acht Meter tiefer Brunnen wurde gefunden, der nun einen eigenen Raum

Er funktioniert noch: der römische Baukran

erhalten hat. Eine weitere Sehenswürdigkeit: der römische Baukran! Er macht begreiflich, wie seinerzeit die Römer schon so prächtige Bauten errichten konnten.

Geschichte zum Anfassen bietet auch der *Römerkoffer* mit Original-Fundstücken, den sich Schulklassen und Gruppen ausleihen und selber auspacken dürfen (Gebühr).

Im **Römischen Parkmuseum** stehen die Nachbildungen vieler römischer Denkmäler, die im Land gefunden wurden. Auch die Jupitergigantensäule aus Walheim ist aufgestellt. Das Außengelände wird zu einem Archäologischen Park erweitert und dem Museum angeschlossen. Dann kann auch nicht mehr (wie bisher im offenen Park) so viel kaputt gemacht werden (wer tut denn so was?!).

Ob noch Zeit und Kraft für andere Unternehmungen in und um Aalen bleibt? Da wäre das **Urweltmuseum** im Alten Rathaus mit seiner Sammlung großartiger Mineralien und Fossilien. Im Museumsshop kann man auch solche erwerben.

Der stilvolle Abschluss wäre ein Bad in den **Limes-Thermen**. Vor Aalen wurde durch Bohrung Thermalwasser angezapft – und bei der großen römischen Vergangenheit Aalens schwebte dem Architekten ein Römerbad vor. Drinnen nichts als Marmor, Flachziegel, plätschernde Brunnen, rinnendes Wasser, antike Säulen; ein Grottenbad, ein Kaltbad, drei Warmbäder. Vor allem das blaue ist von solcher Pracht, dass man sich wie Nero und Poppaea fühlen darf.

Wie kommt man nach Aalen?
A 7, Ausfahrt Aalen/Westhausen (Nr. 114). Aalen liegt im Schnittpunkt der B 29 und B 19. Hinweisschilder sowohl zum Limesmuseum wie zu den Limes-Thermen stehen an den Zufahrtsstraßen. Aus Richtung Stuttgart kommend liegen die Limes-Thermen noch vor der Stadt auf der Höhe rechts.

Limesmuseum
Zweigmuseum des Württembergischen Landesmuseums

Geöffnet:	dienstags bis sonntags	10.00 – 12.00 Uhr
	und	13.00 – 17.00 Uhr
	feiertags	10.00 – 17.00 Uhr
Auskünfte:	St.-Johann-Straße 5	
	73430 Aalen	
	Telefon: 0 73 61/96 18 19	
	e-Mail: limesmuseum.aalen@t-online.de	

Internet: www.aalen.de

Limes-Thermen

Geöffnet:	montags bis donnerstags	8.30 – 21.00 Uhr
	freitags	8.30 – 22.00 Uhr
	samstags und sonntags	9.00 – 21.00 Uhr
	letzter Einlass	20.00 Uhr

Auskünfte: Osterbucher Platz 3
73431 Aalen
Telefon: 0 73 61/94 93-0
e-Mail: info@limes-thermen.de
Internet: www.limes-thermen.de

Hinweis: Eintritt für Kinder in Begleitung Erwachsener
erst ab 3 Jahren, in die Sauna ab 10 Jahren.

Urweltmuseum

| Geöffnet: | täglich (außer montags) | 10.00 – 12.00 Uhr |
| | und | 14.00 – 17.00 Uhr |

Auskünfte: Urweltmuseum Aalen
Reichstädterstraße 1
73430 Aalen
Telefon: 0 73 61/65 56
e-Mail: sauerborn@urweltmuseum-aalen.de
Internet: www.urweltmuseum-aalen.de

Kartentipp:
1 : 50 000 Landesvermessungsamt Baden-Württemberg Blatt F 16
Aalen – Heidenheim

Die Höhlen am Rosenstein

Sämtliche Löcher, Nischen und Höhlen am stark zerklüfteten Rosenstein bei Heubach sind wohl nur den Höhlenforschern bekannt. Neugierigen reicht es, wenn sie bei der Umrundung dieser Berghalbinsel mindestens drei Höhlen kennen lernen. Wer sie bis in den letzten Winkel erforschen will, braucht natürlich mehr Zeit. Die sollten wir uns auch nehmen, selbst wenn die *Teufelsklinge* und das *Himmelreich* zu weiteren Unternehmungen locken.

Der Teufel soll nämlich bei der schönen Aussicht vom Rosenstein den Heiland versucht haben, er wolle ihm alle Reiche der Welt zeigen. Der Herr jedoch widerstand, verbannte Satan in die Teufelsklinge, trat zum Scheuelberg hinüber und zog sich ins Himmelreich zurück. Vertiefungen im Fels hüben und drüben wurden lange als „Herrgottstritte" verehrt.

Vom Parkplatz weg, der schon weit oben am Rosenstein liegt, führt ein bequemer Weg (*rotes Dreieck*) zur Burgruine und der angezeigten „Waldschenke". Da lässt sich bei der Einkehr angenehm im Freien sitzen. Nebenan sind Spielgeräte aufgebaut. Von hier schwärmen wir zur ersten, recht harmlosen **Drei-Eingangs-Höhle** aus. Es geht direkt über den Spielplatz und in Serpentinen nur kurz abwärts. Da führen die drei Löcher in die Höhle hinein. Taschenlampen sind nötig, denn die Höhle ist ziemlich lang. Allerdings lässt sich nur der vordere Teil aufrecht „befahren". Davor liegt ein geräumiger Platz mit einem Felsendach, so richtig gemütlich für „Höhlenmenschen". Noch im Mittelalter diente die Höhle als Zufluchtsort.

Nach diesen Abstechern bleibt Zeit für die **Ruine Rosenstein** und den **Aussichtspunkt Lärmfelsen**. Wer hier Lärm gemacht hat? Vielleicht von diesem höchsten Punkt der Burgstelle die Ausschau haltenden Wachen, wenn sie etwas Verdächtiges bemerkten.

Schon vor unserer Zeitrechnung war diese Bergspitze durch Wälle und Gräben gegen Feinde gesichert. Für eine Burg war das im 12. Jahrhundert der richtige Platz. Sie gehörte zunächst den Grafen von Lauterburg. Dieser Ort liegt ganz in der Nähe. Er besitzt noch eine merkwürdige Burgruine. Die sieht so mürbe aus, dass man kaum hinzusehen wagt, ob sie wohl den Blick noch aushält? (Wegen Einsturzgefahr ist der Zugang verboten.) Später wohnten die Ritter von Rosenstein auf der Burg Rosenstein. Vermutlich ist sie im Bauernkrieg zerstört worden.

Zur Umrundung des Rosensteins muss man von der Ruine wieder den Weg zum Parkplatz einschlagen. Aber schon nach 300 Metern weist ein Schild nach links: „Randweg, Große Scheuer, Finsterloch". Die *rote Gabel* ist unser Wegzeichen. Der alte *Randweg* mit der großartigen Aussicht liegt jedoch etwas näher zur Kante als der sichere, bequeme Weg.

Nach einer knappen halben Stunde zieht ein Hohlweg mit Eisengeländer abwärts in die **Große Scheuer**. Das steht deutlich angeschrieben. So eine merkwürdige Höhle hat wohl noch keiner gesehen. Es ist eine riesige Halle mit drei großen Öffnungen ins Freie. Bei der letzten verläuft ein schmaler, gewundener Pfad am Felsen links abwärts zum nahen „Haus". Auch da haben Menschen gewohnt, sogar noch im Mittelalter. Wenn man zum hohen Eingang hinaufgeklettert ist, kann man sich gut vorstellen, dass diese 30 Meter tiefe Höhle, reich mit Felsblöcken „möbliert", einer ganzen Sippe als Wohnraum dienen konnte. Im Winter hängen in der Großen Scheuer Eiszapfen von der Decke und „Eismännchen" wachsen vom Boden empor. Ein fantastisches Bild, das man natürlich nur bei oder nach Frostperioden zu sehen bekommt.

Man muss wieder zurück zum Rundwanderweg und ist in einer Viertelstunde beim **Finsterloch** angelangt, zu dem man links etwas absteigen muss. Die Gittertür ist im Sommer geöffnet (vom 15.04. bis 15.11.). Einladend bequem ist der Eingang der 140 Meter langen Höhle. Gefährlich ist sie nicht, wenn man auf den unebenen Boden achtet und an einigen niederen Stellen den Kopf einzieht. Natürlich braucht man starke Taschenlampen und die Eltern als Begleiter.

Ruine Rosenstein

Etwa nach 40 Metern öffnet sich ein Fenster zur Außenwand. Dahinter geht es aufwärts. In der kleinen Halle muss man sich rechts halten, dann ist der hintere, versperrte Ausgang bald erreicht. Wer wollte denn auch auf den Rückweg durch das „finstere Loch" verzichten, das nun von rückwärts her wieder ganz andere Bilder liefert? Ab und zu muss man stehen bleiben und im Lichtkegel der Taschenlampe Wände und Decken betrachten. Immer wieder ist etwas Besonderes zu sehen.

Ist man dem Finsterloch glücklich entronnen, kommt man bald auf den breiten Weg zwischen Parkplatz und „Waldschenke" und kann sich entscheiden, ob das Abenteuer schon zu Ende sein soll. Zu Fuß lässt es sich in einer knappen Stunde vom Parkplatz zur **Ruine Lauterburg** hinüberspazieren – auf dem Hauptwanderweg 1 des Schwäbischen Albvereins. Dahin fahren kann man natürlich auch, aber dann unten herum, über Heubach und Lautern.

Wie kommt man zum Rosenstein?
Auf der B 29 geht es nach Schwäbisch Gmünd und weiter nach Heubach. Dort folgt man der Hauptstraße erst nach rechts, dann links am Rathaus vorbei und fährt unter dem „Triumphbogen" hindurch. Dahinter führt eine Fahrstraße links aufwärts zum „Parkplatz Rosenstein, Fernsehturm". Der kleine Parkplatz im Tal zählt noch nicht!

Finsterloch

Geöffnet: 15. April bis 15. November

Einkehr:

Waldschenke: Telefon: 0 71 73/23 72, von November bis April nur mittwochs, samstags und sonntags geöffnet, ansonsten täglich außer donnerstags, in den Schulferien kein Ruhetag.

Naturfreundehaus „Himmelreich":
                      Telefon: 0 71 73/59 11, vom 1. Mai bis 30. Oktober mittwochs, samstags und sonntags geöffnet, in den Schulferien täglich geöffnet

Kartentipp:
1 : 50 000 Landesvermessungsamt Baden-Württemberg Blatt F 15 Göppingen – Geislingen

5 Versteinerungen auf der Hirschhalde

Freizeitspaß in Heidenheim

Wenn man im Museum auf **Schloss Hellenstein** die Schaukästen betrachtet, packt einen der gelbe Neid. Was da alles für herrliche Versteinerungen in der Umgebung gefunden worden sind! Das „Nattheimer Korallenriff" war einstmals berühmt. Korallenstöcke, einzelne Schwämme, wunderschöne Seeigel, Muscheln, Schnecken und Seelilien kamen da zum Vorschein. Dort noch hinzugehen und zu suchen hat gar keinen Wert. Es gibt nichts mehr. Alles ist zugeschüttet worden. Über diese Enttäuschung trösten auch die 45 000 gesammelten Käfer des Lehrers aus Oberstotzingen nicht hinweg, die er dem Heimatmuseum vermacht hat.

Aber wir können trotzdem Versteinerungen finden. Im Brenztal gibt es etwas ganz Besonderes: den so genannten Brenztal-Trümmer-Oolith. Das ist eine im Meer abgelagerte Schicht im obersten weißen Jura, durchsetzt mit den Trümmern vieler Muscheln, Seeigel, Korallen und Schnecken, ein helles, schimmerndes Kalkgestein. Manchmal findet man auch eine ganze Muschel oder Schnecke darin. Wo? Auf der **Hirschhalde**, oberhalb von Schnaitheim, das jetzt nach Heidenheim eingemeindet ist.

Der Name „Hirschhalde" rührt sicher vom einstigen Jagdgebiet der württembergischen Herrscher her. Dann wurde hier oben lange Zeit der Oolith als begehrter Baustein gebrochen. Sogar am Rathaus in Wien wurde er verwendet. Auch am Alten Rathaus in Heidenheim (Fußgängerzone) lässt er sich bewundern. Der Steinbruch, den schon um 1900 der bekannte Geologe und Pfarrer Dr. Engel als Fundstätte großartiger Versteinerungen rühmte, ist längst aufgelassen. Heute ist die Hirschhalde ein schöner Platz zum Spielen, für Entdeckungsreisen und für ein gemütliches Lager unter Bäumen und Büschen. Es gibt auch zwei Feuerstellen, für deren Benutzung größere Gruppen eine Genehmigung brauchen (Schild).

Wenn man von Heidenheim innerorts („Schnaitheimer Straße", dann „Heidenheimer Straße") in Richtung Schnaitheim (Aalen) fährt, schaut man links vergeblich nach einem Hinweis zur Hirschhalde. Erst am Bahnübergang zweigt links die „Steigstraße" ab. Da muss man hinauf. Wer die B 19 erwischt hat, muss auf den Bahnübergang in Schnaitheim achten!

Über Schnaitheim kommt man auf der „Steigstraße" rechts zum Parkplatz. Am Waldrand geht es zurück. Bei der Schranke führt ein gelbgekiester Promenadenweg ins Gelände und umrundet die erhöhte Mitte. Aber gerade die hat es in sich: Wenn man deshalb bei der Schranke halb links am Waldrand entlang und in den Wald hineingeht, steht man bald vor den vielen Spalten, Gruben, Vertiefungen,

Aufschlüssen, wo Steinbrocken nur so herumliegen. Sind sie verwittert, sehen sie unscheinbar grau aus. Aufgeklopft glänzen sie wie Elfenbein. Die Hirschhalde ist Landschaftsschutzgebiet; man muss auf die Bestimmungen achten.

Auch auf dem gegenüberliegenden *Moldenberg* hat es Steinbrüche im Trümmer-Oolith gegeben. Von der Straße nach Nattheim sieht man in den größten hinein.

Hinauf ins Schloss Hellenstein

So ein altes Gemäuer macht auf Kinder immer Eindruck: die große Kanone, der tiefe Brunnen, Tore und Mauern. Auch im **Museum für Kutschen, Chaisen und Karren** gibt es viel zu sehen. Wer entdeckt dort als Erster den Prunkschlitten, an dem gerade noch die Füße des biblischen Jonas aus dem Walfischmaul herausschauen?

Neben dem Schloss liegt der riesengroße **Freizeitpark Schloss Hellenstein** mit Naturtheater, Waldspielplatz und einem Wildpark, wo man von Aussichtskanzeln herunter Hirsche, Gämsen, Steinböcke, Mufflons und Wildschweine beobachten kann.

Wenn man am Schloss neben der Kanone steht und auf die Stadt hinunterschaut, muss man sich vorstellen, dass da unten im 1. Jahrhundert unserer Zeitrechnung die Römer ein wichtiges Reiterkastell gebaut hatten. Es dauerte aber nicht lange, dann wurde die Grenze weiter vorgeschoben und die Elitetruppe Ala II Flavia ins neue Kastell Aalen verlegt. Die römischen Siedler blieben einstweilen in der entstandenen Stadt – bis sie zurückgedrängt wurden. Als sich später die Alemannen an der Brenz niederließen, bauten sie ihre Häuser und Höfe über den Ruinen der „Heiden". So entstand „Heidenheim".

Bei Neubauten stieß man immer mal wieder auf antike Reste. Aber als die Post mit einer Großbaustelle beginnen wollte, kam im Untergrund das umfangreichste und besterhaltene römische Militärbad Südwestdeutschlands zum Vorschein und dahinter die Reste eines prunkvollen Palastes, in dem vermutlich der stellvertretende römische Statthalter wohnte. Beides wird im **Museum Römerbad** gezeigt. Man findet es leicht, denn es liegt im neuen Postgebäude in der Nähe des Bahnhofs. Auf einem Holzsteg spaziert man in einem dunklen Raum über den hell ausgeleuchteten Ruinen dahin und wird an Tafeln, Bildern und Schaukästen umfassend unterrichtet: über den Limes, die Römer, ihre Badelust – und ihre Vergesslichkeit. Sie haben nämlich Ohrlöffel, Maniküregeräte und sogar Kleingeld im Bad liegen gelassen. Die Nachwelt freut sich über diese Funde. Man darf auch in die Ruinen hinuntersteigen und in den tiefen Brunnen mit Hilfe eines Spiegels schauen. Eine Tonbildschau stellt „Das römische Heidenheim" vor.

Das Museum bietet neben den ständigen Ausstellungen ein reichhaltiges Programm an Sonderveranstaltungen – auch für Kinder! Besonderen Spaß macht ihnen die „Römische Modenschau", wobei sie selbst in Toga und Tunika herumspazieren dürfen. Dabei gibt's nicht viel zu nähen, aber der Faltenwurf ist wichtig! Strick um den Leib und schon hat das Gewand die richtige Passform. Oder sie dürfen nach römischen Vorbildern töpfern und sich beim Korbflechten versuchen. Wann? Das steht im Halbjahresprogramm, welches das Museum im Römerbad zuschickt.

Gebadet wird in Heidenheim auch heute noch sehr eifrig: im Sommer im schönen **Waldfreibad** mit Warmbadebecken für Kleinkinder und zwei beheizten Schwimmbecken (Rutschbahn), Liege-wiesen und Spielplätzen – und das ganze Jahr über im **Hallenfreizeitbad** „**Aquarena**". Das Außenbecken hat 32 °C. Drinnen im Sportbecken sind es 26 °C. Vieles, was Besuchern Spaß macht, gehört dazu: Rutschen, Sauna, Solarium, Fitnessbereich – bloß Wellen gibt es keine, die muss man selber machen.

Das Steinheimer Becken

Kurz vor Heidenheim, an der B 466, liegt das sehenswerte „Steinheimer Becken" mit dem **Meteorkrater-Museum** im Ortsteil Sontheim. Hier ist vor rund 15 Millionen Jahren eine riesige „Sternschnuppe" vom Himmel gefallen, ein Meteorit von solcher Größe und Wucht, dass ein umfangreiches Loch entstand. Das füllte sich mit Wasser, so dass Tiere und Pflanzen einen Lebensraum fanden. Heute ist alles trocken, aber winzige Schnecken findet man als Zeugen des einstigen Kratersees in den „Pharionschen Schneckengruben". Wer sich im eindrucksvollen Meteorkrater-Museum kundig gemacht hat, wird Lust auf den *geologischen Lehrpfad* bekommen, der auch zur Sammelstelle in der Sandgrube führt.

Wie kommt man nach Heidenheim?
A 7, Ausfahrt Heidenheim (Nr. 116). Heidenheim liegt im
Schnittpunkt der B 466 (nördlich von Geislingen a. d. Steige)
und B 19 (aus der Richtung Ulm). Von der B 466 her liegt das
Waldfreibad am Ortsanfang (Jahnstraße) links; die Auffahrt zum
Schloss einen starken Kilometer weiter rechts (Schloßhaustraße).

Waldfreibad

Geöffnet:	Mai und September	
	täglich	8.00 – 20.00 Uhr
	mittwochs	ab 6.00 Uhr
	Juni bis August	
	täglich	8.00 – 20.30 Uhr
	mittwochs	ab 6.00 Uhr

Auskünfte: Jahnstraße 46
89518 Heidenheim
Telefon: 0 73 21/4 41 00
Telefon: 0 73 21/3 27-5 01 (Rathaus)

Hallenfreizeitbad „Aquarena"

Geöffnet:	montags	12.00 – 21.00 Uhr
	dienstags bis donnerstags	8.00 – 21.00 Uhr
	freitags	8.00 – 22.00 Uhr
	samstags, sonn- und feiertags	9.00 – 18.00 Uhr

Auskünfte: Friedrich-Pfennig-Straße 24
89518 Heidenheim
Telefon: 0 73 21/3 28-1 30
e-Mail: aquarena@stadtwerke-heidenheim.com

Museum Schloss Hellenstein

Geöffnet:	15. März bis 15. November	
	dienstags bis samstags	10.00 – 12.00 Uhr
	und	14.00 – 17.00 Uhr
	sonn- und feiertags	10.00 – 17.00 Uhr
	montags geschlossen	

Auskünfte: 89522 Heidenheim
Telefon: 0 73 21/4 33 81

Museum im Römerbad

Geöffnet:	mittwochs bis sonntags	10.00 – 12.00 Uhr
	und	14.00 – 17.00 Uhr
	sonntags	10.00 – 17.00 Uhr

Auskünfte:	Theodor-Heuss-Straße 3
	89518 Heidenheim
	Telefon: 0 73 21/3 27-3 97

Das Museum für Kutschen, Chaisen und Karren
Zweigmuseum des Württembergischen Landesmuseums

Geöffnet:	15. März bis 15. November	
	dienstags bis samstags	10.00 – 12.00 Uhr
	und	14.00 – 17.00 Uhr
	sonn- und feiertags	10.00 – 17.00 Uhr

| Auskünfte: | Telefon: 0 73 21/3 27-3 94 |

Meteorkrater-Museum
im Ortsteil Sontheim

Geöffnet:	dienstags bis sonntags	9.00 – 12.00 Uhr
	und	14.00 – 17.00 Uhr
	montags geschlossen	

| Führungen: | auf Anfrage im Rathaus Steinheim |
| | Telefon: 0 73 29/96 06 56 |

Tourist-Information:	Altes Rathaus
	Hauptstraße 34
	89522 Heidenheim
	Telefon: 0 73 21/3 27-3 42
	e-Mail: tourist-information@heidenheim.de
	Internet: www.heidenheim.de

Besonderer Tipp:
Für das Museum Schloss Hellenstein, das Museum im Römerbad, das Museum für Kutschen, Chaisen und Karren sowie das Kunstmuseum gibt es einen Museumspass, der in allen vier Museen erworben werden kann. Der Museumspass kostet für Erwachsene EUR 2,50 und für Kinder EUR 0,80.

Kartentipp:
1 : 50 000 Landesvermessungsamt Baden-Württemberg Blatt F 16
Aalen – Heidenheim

Unerforschtes bei der Burg Teck

In einer geräumigen Höhle auf dem Teckberg soll vor vielen, vielen Jahren eine weise Frau mit überirdischen Kräften gewohnt haben. Natürlich besaß sie auch große Schätze und war armen Leuten gegenüber freigebig. Wer sie um Rat bat, bekam ebenfalls Hilfe, denn sie wusste alles und konnte die Zukunft voraussagen.

Diese Sibylle hatte drei Söhne, die aber völlig aus der Art schlugen: richtige Bösewichter! Sie konnten sich auch untereinander nicht riechen und bauten deshalb jeder eine Burg für sich: Rauber, Diepoldsburg und Wielandstein. Von diesen Raubritternestern aus überfielen sie Kaufleute, plünderten Bauern aus und nahmen ihnen das Vieh weg. Darüber grämte sich Sibylle so sehr, dass sie eines Tages auf und davon ging. Man sagt, sie sei mit einem feurigen, Funken sprühenden Wagen durch die Luft davongerauscht. Zwei Wildkatzen – warum nicht Löwen, die gab es nämlich einstmals auf der Alb! – haben das Fahrzeug gezogen, und wo es die Erde berührte, hinterließ es die heute noch sichtbare „Sibyllenspur".

Tatsächlich gibt es Luftaufnahmen, die eine breite Wagenspur in den Äckern erkennen lassen, wo Gras und Frucht kräftiger wachsen. Bei günstiger Beleuchtung und in der richtigen Jahreszeit ist die Spur zu sehen. Vergessen wir die wissenschaftliche Erklärung, dass es sich um Wasser stauende Gräben einer oberirdisch nicht mehr sichtbaren römischen Siedlung handelt – die Geschichte vom Sibyllenwagen und seiner Spur ist doch viel schöner!

In der **Sibyllenhöhle** selbst hatte der „Schwäbische Höhlenverein" (siehe Kapitel 12) schon vor 100 Jahren viele Knochen von Höhlenbären und Höhlenlöwen gefunden, aber keine Spur von der Sibylle. Ob uns das gelingt? Am Eingang zur **Burg Teck** führt der Weg mit dem Geländer direkt zur nahen Höhle unter dem Hauptturm. Zum großen Eingangsloch muss man hinaufklettern. Da! Als Spur von der Sibylle: der große Stein am Eingang! Das ist der Hund, der ihren Schatz bewachte! Irgendwer muss ihn mal verwandelt haben. „Drinnen hallt mehrstimmiger Gesang herrlich", schrieb Gustav Schwab in seinem ersten Albführer. Wenigstens das können wir ausprobieren – und im hintersten Winkel nachschauen, ob es wirklich einen geheimen Gang zwischen Höhle und Burg gegeben haben könnte. Darüber waren Gerüchte in Umlauf.

In einer zweiten Höhle am Teckberg soll im 16. oder 17. Jahrhundert wirklich eine Frau gewohnt haben: die Verena oder Veronika Beutlin. Wenn sie in der Höhle Feuer machte und Essen kochte, zog der Rauch durch einen Schacht nach oben ab. Das sahen zwar die Leute im Tal, dachten aber, es sei die „natürliche Ausdünstung" des Berges.

An diesem Rauchloch kommen wir direkt vorbei, wenn wir von der Burg Teck zum *Sattelbogen* und zur *Ruine Rauber* wandern. Hin und zurück sind das sechs Kilometer – ohne den Abstecher zur unteren Höhle. Es geht zur Burg hinaus und dem *roten Dreieck* nach in Richtung Süden. Wo die Fahrstraße links umbiegt, muss man zur rechten Bergseite hinüberwechseln und dem Zeichen *rotes Dreieck*

Auf dem Pfad zur Sibyllenhöhle

(Rauber, Sattelbogen, Gelber Fels) folgen. In 20 Minuten sind wir auf dem markierten Weg beim steil abfallenden **Gelben Felsen** angelangt. Kurz vorher führt ein rechts abzweigendes Weglein zu bizarren Randfelsen, die zur Brutzeit von Kolkraben gesperrt sein könnten. Doch es sind nur fünf Schritte vom Hauptweg (Baumstamm!) bis zum deutlich sichtbaren Kamin der Veronika. Aus ihm wittert noch immer ein Raucharoma. Dieses Geschmäckle sitzt nämlich fest, wenn unten wieder mal einer die Rauchprobe gemacht haben sollte.

Wer auch die **Veronikahöhle** sehen möchte, muss ein sehr tapferer Pfadfinder sein. Der Wanderweg zum Rauber zieht um den *Aussichtspunkt Gelber Fels* herum und abwärts. Nach dem ersten Absatz geht es stur geradeaus. Doch 120 Meter weiter führt ein nicht bezeichneter Trampelpfad im spitzen Winkel rechts zurück. Er ist am stark geneigten Hang mühsam zu begehen. Außerdem hat der Orkan „Lothar" viele Bäume gefällt. Kindern scheint das nichts auszumachen, sie klettern wie die Gämsen. Man kann aber auch von der anderen Seite die Veronikahöhle weniger mühsam anpirschen. Beim Aufstieg vom Parkplatz „Bölle" zur Burg zieht auf halber Höhe ein Pfad nach rechts (roter Fleck am Baum? Den hat uns der Herbergsvater versprochen!). Er erreicht ebenfalls den Höhleneingang. So ließe sich die Tour auch abkürzen. Die Höhle unterm Gelben Felsen hat einen offenen Vorraum, der sich bald zu einem Spalt verengt. Dahinter liegt eine hohe Halle. Mit starken Taschenlampen kann man die Kluft nach oben verfolgen. In der hintersten Ecke der trockenen Höhle könnte die Veronika mit ihren beiden Buben geschlafen haben.

Da warteten sie immer auf den Vater, der ihnen von Zeit zu Zeit Essen brachte. Verheiratet waren die Eltern nicht. Als einmal der Mann ausblieb, gingen die hungrigen Kinder nach Owen hinunter, um Brot zu erbetteln. Neugierig fragten die Leute, woher sie seien. Da kam alles heraus. Veronika wurde heruntergeholt und als Hexe verbrannt.

Von der Veronikahöhle geht man abkürzend zum Parkplatz „Bölle" weiter geradeaus oder wieder zum Wanderweg zurück und weiter abwärts, an einem zerklüfteten Felsenriff entlang, bis zum tiefsten Punkt im Sattelbogen. Hier sieht man, dass der Teckberg von der Alb fast abgeschnitten und zum Ausliegerberg geworden ist. Am Sattelbogen finden wir eine Feuerstelle. Bis die Glut zum Grillen recht ist, können alle – bis auf den Koch – noch zur *Ruine Rauber* hochklettern, wo der erste Sohn der Sibylle gewohnt haben soll. Zurück geht es vom Sattelbogen auf dem breiten „Waldweg – gesperrt für Motorfahrzeuge" unterhalb des Gelben Felsens zum Parkplatz „Bölle" zurück.

Wie kommt man zur Teck?
Von der A 8, Ausfahrt Kirchheim(Teck)-Ost (Nr. 57), fährt man auf der B 465 in Richtung Oberlenningen. In Owen ist die Auffahrt zur Teck angezeigt. Die Straße teilt sich oben und endet bei zwei Parkplätzen. Vom Parkplatz „Bölle" (rechts) führt ein Zickzackweg steil und schnell zur Höhe und auf den Fahrweg zur Burg. Beim Parkplatz „Hörnle" (links) liegt ein großer Spiel- und Rastplatz. Der bequeme, breite (Fahr-)Weg führt ebenfalls zur Burg. Für den privaten Autoverkehr ist er gesperrt.

Das Wappen über dem Tor gibt Auskunft über die Besitzer. Gebaut wurde sie im Mittelalter von den mächtigen Zähringern. Heute gehört sie dem Schwäbischen Albverein und ist Wanderheim. Im Hof oder in der Wirtschaft kann man vespern und sich für den Gang zur Sibyllenhöhle stärken.

Burg Teck

Geöffnet:	montags	10.00 – 14.00 Uhr
	mittwochs bis samstags	10.00 – 22.00 Uhr
	sonn- und feiertags	9.00 – 18.00 Uhr
	dienstags	Ruhetag

Auskünfte: Wanderheim Burg Teck
Pächter: Bernd David
73277 Owen
Telefon: 0 70 21/5 52 08
e-Mail: info@burgteck.de
Internet: www.burgteck.de

Ins Gebiet des „Schwäbischen Vulkans"

Wozu der Kompass? Sollen wir uns selbst den Weg durchs Gelände suchen? Das wäre im Naturschutzgebiet des Vulkanschlots Jusi nicht mehr nötig. Aber hier könnten wir untersuchen, ob die Kompassnadel immer exakt zum magnetischen Nordpol zeigt.

Der Jusi ist nämlich der größte unter den über 350 Vulkanschloten zwischen Bad Urach und Kirchheim, die bisher festgestellt wurden. Jetzt bezeichnet man das Gebiet insgesamt als den „Schwäbischen Vulkan", weil die Schlote alle denselben unterirdischen Herd haben und auch zur gleichen Zeit entstanden sind.

Vor mehr als 15 Millionen Jahren hat es hier ganz gewaltig rumort im feurig-flüssigen Erdinnern. Ein Überdruck musste sich entladen. Gase und Wasserdampf fuhren durch Spalten und Klüfte nach oben und „durchschossen" regelrecht die darüber liegenden Gesteinsschichten. Auch flüssige Lava in feinen Tropfen wurde ausgeworfen. Sie erstarrte zu feinkörniger grauer Asche, zu Basalttuff, aus dem unsere Vulkanberge, auch der Jusi, im Wesentlichen bestehen. Im Basalttuff steckt das kompassverwirrende Magneteisen! Bei entsprechender Dichte könnte es zu Abweichungen kommen. Am *Calver Bühl* ganz in der Nähe (Dettingen/Erms) wurden mit einem gewöhnlichen Kompass erdmagnetische Anomalien festgestellt.

Wenn wir auf dem *Geologischen Pfad* (Gustav-Ströhmfeld-Weg) am **Jusi** emporsteigen, fällt uns der graue Basalttuff überall auf. Dazwischen liegen weiße Kalksteinbrocken als weitere Zeugen für den Vulkanausbruch. Denn das Deckgestein wurde mit emporgeschleudert – und dessen Trümmer fielen mit der Lava-Asche wieder zurück in den Schlot. Der Jusi ist ein Schlot. Das hört sich merkwürdig an, da er doch als Berghang vor uns steht. Der Tuffpfropfen ist bisher nur halbseitig herausgewittert. Dass seine Ausbildung zur Kegelform weitergeht, sieht man am tief eingeschnittenen „Sattelbogen" hinter dem Jusi. Darüber erfährt man noch so manches auf den Tafeln entlang dem *Geologischen Pfad*.

Ob mit oder ohne Kompass – den Jusi zu besteigen ist ein besonderes Erlebnis. Der Parkplatz liegt auf 500 Metern Höhe. Von Anfang an hat man schon eine herrliche Sicht, denn die Kohlberger Gemarkung des Jusi wird freigehalten. An der Bergkante steigen wir empor. Hier bläst der Wind oft sehr scharf. Im Herbst bringen wir mühelos unseren Drachen auf die erlaubte Höhe von 100 Metern. Bei der überwältigenden Weite wünscht sich mancher selber Flügel, um in die Luft zu gehen.

Drachensegler hatten vorübergehend die steile Kante als Startplatz entdeckt, doch wurde ihnen die Erlaubnis entzogen, hier ihren Sport auszuüben. Jetzt sieht man sie vom Jusi her über der nahen *Burg Hohenneuffen* schweben, denn sie starten unmittelbar daneben von zwei Plätzen aus.

Hier fliegen die Drachen auch im Sommer

An klaren Tagen sehen wir die Kaiserberge im Osten, und im Westen den Schwarzwald. Auch die anderen Vulkanschlote in der Nähe lassen sich an ihrer Form sofort erkennen: der *Floriansberg* und der *Grafenberg*; bei Beuren die zwei Vulkanbabys *Engelberg* und *Spitzberg*.

Ist der fast alpine Aufstieg zum 663 Meter hohen Gipfel gelungen, finden wir hinter den jungen Linden eine Hochwiese, eine Feuerstelle und eine Schutzhütte. Hier lässt sich rasten, spielen und Wurst braten.

Der *Geologische Pfad* führt nun (*blaues Dreieck*) in den Wald und über einen schmalen Bergrücken hinüber zum **Dettinger Hörnle**, das durch den gewaltigen Steinbruch des Nürtinger Portland-Zementwerkes fast halbiert worden ist. Schon von Stuttgart aus sieht man die riesige Wunde am Albtrauf. Wenn sich die Dettinger und die Naturschützer nicht so kräftig gewehrt hätten, würde man das Hörnle ganz abgetragen und zu Zement verarbeitet haben.

Vor Jahren schon wurde der Abbau eingestellt. Den gewaltigen Steinbruch als „Geologisches Fenster" offen zu halten und einen Wanderweg hindurchzulegen, war nicht geplant. Dabei wäre der Blick auf einen 100 Meter hohen Querschnitt durch die Weißjuraschichten mit ihren Verwerfungen hochinteressant.

Inzwischen ist der Steinbruch völlig eingezäunt. Es gibt auch keinen Aussichtspunkt mehr am *Geologischen Pfad*. Trotzdem gehen wir vom Jusi aus weiter dem *blauen Dreieck* nach und erleben dabei, wie schmal der Bergrücken ist, der Jusi und Hörnle miteinander verbindet.

Wir kommen hinunter in den „Sattelbogen" und entdecken ein Soldatengrab. Dieser junge Mann aus Kappishäusern hat hier in den letzten Kriegstagen noch sein Leben lassen müssen.

Links abwärts in Richtung Neuffen kommen wir auf ein Waldsträßchen, das links herum in Richtung Kohlberg führt. Nach etwa 15 Minuten kommen wir zu einer Wendeplatte für Fuhrwerke. Aufpassen! Bei der dicken Buche rechts führt ein Steig leicht abwärts und um die Bergflanke herum. Beim Austritt aus dem Wald gibt es einen schönen Ausblick auf *Kohlberg*.

Wie kommt man zum Jusi?

A 8, Ausfahrt Wendlingen (Nr. 55), über Metzingen – B 313 – in Richtung Neuffen/Kohlberg abbiegen. Der Wanderparkplatz befindet sich am Fuß des Jusi kurz vorm Ortsbeginn von Kohlberg. Weitere Parkmöglichkeiten am alten Sportplatz. Auffahrt durch die Goethestraße und rechts ab dem blauen Dreieck nach (Jusiweg).

Mit dem ganzen Tross zur Festung Hohenneuffen

Der Aufstieg zur größten Burgruine der Schwäbischen Alb, dem **Hohenneuffen**, ist vom Parkplatz aus keine große Anstrengung. Das schaffen auch kleine Leute, selbst wenn sie öfter fragen: „Ist es noch weit?" Sobald sie etwas Neues sehen, wird die Zeit nicht lang. Bereits der Weg durch den Wald lässt erkennen, wie schmal der Grat ist, über den allein die Burg zu erreichen war. Sie wurde schon um 1100 gebaut und später zur großen Landesfestung erweitert. Im Dreißigjährigen Krieg wurde der Hohenneuffen 14 Monate lang belagert und schließlich dem Feind übergeben. Erst 1801 wurde die Festung „geschleift". Zum Glück nicht allzu gründlich!

Gleich vier „Torwächter" bewachen die Festung

Nach kurzem Anmarsch führt eine Brücke mit gemauertem Geländer schon über den ersten Graben. Ob da mal eine Zugbrücke aufgezogen wurde? Dann tauchen bald die ersten himmelhohen Mauern auf. Der Weg führt in ein dunkles Loch. Da geht's durch einen langen Tunnel. Kinder dürfen rechts durchs kleine Törle schlüpfen und drinnen die Großen erschrecken.

Kaum ist die finstere Auffahrt überwunden, steht rechts schon die **Ludwigsbastei**. Aus den noch erhaltenen Fenstern darf man nach Feinden ausspähen. Dahinter geht es ziemlich steil aufwärts. Mit Reitpferden war das früher recht bequem. Aber wie kamen die schwer beladenen Wagen hinauf? Und wie jetzt Vater mit dem Kinderwagen? Oben zieht der ganze Tross durchs **Schwarze Tor** und muss nun auf sämtliche Schilder achten. Überall steht dran, was die Gebäudeteile einmal waren.

Die oberen Kasematten sind begehbar. Da kommt man durch einen dunklen Gang und lauter Kammern. Die letzte Kammer liegt besonders tief. Wer geschickt hinuntergesprungen ist, muss sich wieder hochziehen lassen, wenn die Beine noch zu kurz sind.

Ob in den besonders sicher gebauten Kasematten auch Gefangene geschmachtet haben oder nur Kanonen standen? Weiter oben steht noch ein Arrestantenturm mit lauter Nischen. Aber der hat sicher nicht ausgereicht in jenen Zeiten, als der Hohenneuffen auch als Staatsgefängnis diente. Der später hingerichtete Landtagsführer Konrad Breuning saß hier (1517) auf Befehl des ziemlich grausamen Herzogs Ulrich ein und wurde mit glühenden Zangen gefoltert. Gefangener von Karl Alexander war sein Finanzminister Süß-Oppenheimer (1737). Oh ja, die Mauern könnten viel erzählen! Mit Schauder sieht man in die vergitterten Kerkerlöcher hinunter.

Im Burghof, dem mittelalterlichen Kern der Anlage, wird heute unter Linden getafelt. Ein schöner Platz zum Einkehren. Die Wirtschaft war früher das Kommandantenhaus. Eine Zisterne steht noch da. Weitere Schilder besagen, dass es hier oben das Zeughaus, Ställe und die notwendige Schmiede gegeben hat.

Wer beim schönen Wappen hinaufsteigt zum **Oberen Wall** und noch höher hinaufklettert bis zur obersten Plattform, sieht weit ins Land und zurück auf den schmalen Grat, über den wir gekommen sind. Vielleicht kann man auch Drachensegler in ihrem Gleitflug beobachten. Denn nicht weit vom Hohenneuffen befinden sich zwei kleine Felsen, von denen aus die Drachenflieger starten. Zu ihnen ist es vom Parkplatz gar nicht weit. Wenn wir von der Burg zurückkommen, führt schon vor dem Parkplatz der Randweg nach Hülben – Bad Urach (*rotes Dreieck*) rechts ab und in knapp zehn Minuten zu einem großen Wetzplatz mit Feuerstellen. Der Drachenstartplatz liegt kurz dahinter am Albtrauf. Auf der anderen Seite des Parkplatzes kommt man am Waldrand (*Nordrandweg, rotes Dreieck*) zum **Wilhelmsfelsen** mit der großartigen Aussicht zum Hohenneuffen. Dahinter ragt eine weitere Absprungrampe der Drachenflieger ins Nichts. Sie könnten direkt unten in den blauen Becken des *Thermalbads Beuren* landen.

ℹ️ **Wie kommt man nach Neuffen?**
A 8, Ausfahrt Wendlingen (Nr. 55), über Nürtingen in Richtung Beuren/Neuffen.

Hohenneuffen

Geöffnet:	*Burgruine*:	
	April bis Oktober	
	mittwochs bis samstags	9.00 – 22.00 Uhr
	sonntags bis dienstags	9.00 – 19.00 Uhr
	November bis April	
	täglich	10.00 – 18.00 Uhr
	Burggaststätte:	
	April bis Oktober	
	mittwochs bis samstags	9.00 – 22.00 Uhr
	sonntags	9.00 – 19.00 Uhr
	montags und dienstags	Ruhetage
	(Kioske geöffnet)	
	November bis März	
	mittwochs bis sonntags	10.00 – 18.00 Uhr
	Großes Kulturprogramm im Sommer	
Auskünfte:	Telefon: 0 70 25/22 06	
	e-Mail: Burg.Hohen.Neuffen@t-online.de	
	Internet: www.hohenneuffen.de	

Besondere Tipps:

Stadtmuseum Neuffen
Wie der Hohenneuffen unzerstört ausgesehen hat, zeigt ein großes Modell im neuen Stadtmuseum Neuffen. Dort sind Funde aus der Umgebung der Burgruine ausgestellt. Kindern wird ein Glaskasten gefallen, in dem sich die Tulka-Sippe vor ihrer Höhle tummelt – genau so, wie es im „Rulaman" beschrieben ist (siehe Kapitel 18). Da hockt die alte Parre samt ihrem Raben. Rulaman spielt mit seinem gezähmten Wolf. Andere Tulkaleute schaben Felle, behauen Steinwerkzeuge, rösten Fleisch am Feuer.
Das Stadtmuseum in Neuffen wurde im restaurierten Schillingschen Haus (von 1360) untergebracht.

Geöffnet:	April bis Oktober an jedem dritten Sonntag im Monat 11.00 – 17.00 Uhr
Auskünfte:	Stadtmuseum Schillingstraße 14 72639 Neuffen Telefon: 0 70 25/77 92 Stadtverwaltung Telefon: 0 70 25/1 06-0

Das Sofazügle bringt uns nach Neuffen

„Sofazügle"
Das „Sofazügle" ist eine richtige alte Dampfeisenbahn.

Fahrzeiten: Mai bis Oktober
an jedem dritten Sonntag im Monat und am
3. Advent (anlässlich des Weihnachtsmarktes)
Das Zügle fährt von Nürtingen nach Neuffen.
Von dort lässt sich die Festung Hohenneuffen
zu Fuß in einer starkenStunde erobern.

Auskünfte: Fahrplan: GES – Gesellschaft zur Erhaltung
von Schienenfahrzeugen e. V.
Telefon: 0 70 25/23 00 (Kirchner)
Internet: www.ges-ev.de
Hier lässt sich auch erfahren, wann mal von
Neuffen ein Pendelbus zum Freilichtmuseum
Beuren fährt.

Filzkugeln selber machen am Museumstag

Freilichtmuseum Beuren

Im Anschluss an die Wanderung zum Hohenneuffen bietet sich ein Besuch des Freilichtmuseums Beuren an. In den wiederaufgebauten alten Bauernhäusern – mitsamt Scheuern, Saustall, Backhaus und „Tante-Helene-Laden" – können Kinder und Erwachsene erfahren, wie die Menschen früher lebten. Im Jahresprogramm werden Sonderveranstaltungen und „Mitmach-Aktionen" angeboten. Dabei dürfen die Kinder etwa backen, Vogelscheuchen bauen oder alte Spiele spielen. Für Kindergeburtstage gibt es ein spezielles Programm.

Geöffnet:	April bis Anfang November
	dienstags bis sonntags 9.00 – 18.00 Uhr
	Kassenschluss 17.30 Uhr
	Zu Führungen und Mitmachaktionen muss man sich anmelden.
Auskünfte:	Freilichtmuseum Beuren
	In den Herbstwiesen
	72660 Beuren
	Telefon: 0 70 25/9 11 90 90
	e-Mail: info@freilichtmuseum-beuren.de
	Internet: www.freilichtmuseum-beuren.de

Erste Mutprobe am Heimenstein

Wenn Forscher früher weiße Flecken auf dem Globus suchten, so treibt Höhlenbegeisterte heute etwas Ähnliches: unter Tage eine noch unbekannte Welt betreten zu können. Bei diesem Traum stört eine weggeworfene Bierdose schon empfindlich, denn wir wollten uns doch gerade einbilden, die ersten Menschen an diesem Fleck zu sein. Erst in zweiter Linie wohl sind es die vielfältigen Erscheinungsformen einer Höhle im Karst, ihr „Profil", die Klüfte, Tropfsteine und andere Sinterbildungen, welche Laien fesseln und zu Höhlenerkundungen verlocken.

Dass ihnen die Stiefel im Höhlenlehm stecken bleiben könnten, erscheint noch harmlos. Dass sie mitunter völlig verdreckt wieder herauskommen, regt verständige Mütter nicht auf. Stolpern und womöglich gerade in eine Wasserpfütze hineinfallen ist ebenfalls möglich und nicht unbedingt tragisch. Hüten muss man sich davor, den Kopf anzuschlagen. Man darf also nicht nur auf den Boden, sondern muss auch zur Decke schauen, ob sie sich senkt – und möglichst einen Kopfschutz tragen.

Selbst wenn man sich über die vielen wilden Höhlen in „Wilde Höhlen der Schwäbischen Alb" (Hans-Joachim Haupt, Fleischhauer & Spohn Verlag) eingehend informiert hat, kann sich beim „Befahren" der einen oder anderen herausstellen, dass sie für den Laien um einige Nummern zu groß ist. Wird es unheimlich oder schwierig wie in der Falkensteiner Höhle, soll man umkehren und nichts riskieren! Schachthöhlen bleiben tabu. Hier klettern nur erfahrene, gut ausgerüstete Höhlenforscher am Seil hinab.

Eine hübsche kleine Höhle liegt am Heimenstein auf der Schopflocher Alb. Hier hat es bei vielen mit dem Höhlentick angefangen. Schon Gustav Schwab war im ersten Albführer 1823 von diesem Erlebnis entzückt: „Man lasse sich durch die kleine, aber ganz gefahrlose Mühseligkeit nicht abschrecken, sondern zünde getrost die Lichter an, verwahre sich, besonders die Frauen, gegen den Grufthauch der Höhle und dringe, unter dem Vortritt des Führers, die Augen vorsichtig nach unten und oben gerichtet, vorwärts." Nach seiner weiteren Beschreibung muss man sich „durch das Eingeweide des Felsens" hindurchdrücken und wird dann vom Ausblick auf die *Ruine Reußenstein* „von einem Vorsprung an der senkrechten Wand, wo einige Bäume wohlthätig vor Schwindel bewahren", belohnt. Uff! So schlimm ist es jedoch gar nicht.

Erst geht es ein kurzes Stück abwärts und rechts um die Ecke. Da wird es „kuhnacht", also stockfinster, und ohne Taschenlampe geben die meisten auf. Dabei müssten sie sich nur zwei Schritte links um den Felsen herumtasten und sich dabei tief bücken – dann sehen sie bereits das Tageslicht wieder. Sie kommen in einen glatt geschliffenen hohen Gang, der vor Millionen Jahren vom Druck fließenden Wassers ausgeformt wurde. Es handelt sich also um die Quellhöhle eines Baches. Der Blick durch den Druckstollen auf die Ruine Reußenstein ist zauberhaft.

Die Höhlenbefahrer kommen möglicherweise nur bis zu einem Gitter, etwa zehn Meter vor dem „Ausgang" an der Steilwand. So ist das Schild am Höhleneingang zu deuten. Danach bleibt das Gitter am „Höhlenausgang in der Brutzeit vom 1. Januar bis 31. Juli geschlossen". So lange sollen die Wanderfalken geschützt sein.

Über dieser Höhle soll also der Riese Heim gehaust haben (oder etwa in der Höhle? Wie soll da aber ein Riese hineinpassen?). Er sah die schönen Häuser drunten in Neidlingen und wollte auch so ein Steinhaus besitzen. Die Handwerker kamen, weil sie wussten, der Riese würde gut bezahlen. Als die Burg Reußenstein fertig war, fehlte am oberen Fensterladen noch ein Bolzen. Keiner traute sich hinauf. Nur ein Geselle sagte: „Ich mach's!" Da lachte der Riese, setzte ihn auf seine Hand und hob ihn hinauf, so dass er bequem den Bolzen einschlagen konnte. Dann wurden alle fürstlich belohnt. Der mutige Geselle bekam am meisten und die Tochter des Meisters zur Frau. Diese Sage erzählt Gustav Schwab in Versen.

Wie kommt man zum Heimenstein?

Von der A 8, Ausfahrt Kirchheim(Teck)-Ost (Nr. 57), geht es weiter in Richtung Lenningen (B 465). Aber schon nach einem Kilometer biegt man links in Richtung Weilheim und hinter Nabern nach Ochsenwang und Schopfloch ab. Vor Schopfloch führt ein Sträßchen nach links („Wiesensteig, Neidlingen, Reußenstein, Parkplätze"). Knapp drei Kilometer weiter liegt der Parkplatz „Bahnhöfle". Zu Fuß geht es auf dem breiten Waldweg (Nr. 5, rote Raute, rotes Dreieck) weiter. Nach 600 Metern zweigt halb rechts der Randweg mit dem roten Dreieck „Randecker Maar, Ochsenwang über Heimenstein" ab. In zehn Minuten ist der 763 Meter hohe Heimenstein erreicht. Der Höhleneingang ist deutlich zu sehen.

Zur Ruine Reußenstein fährt man vom Parkplatz „Bahnhöfle" aus schnell hinüber oder geht beim Grillplatz auf dem breiten Hangweg (blaues Dreieck) die halbe Stunde zu Fuß.

10 Helm auf und Gummistiefel an!

Schaurig schön: die Todsburger Höhle

„Normale" Eltern werden meutern. In diese Höhle bringen sie keine zehn Pferde, wo man schon am Anfang nicht weiß, wo's lang geht. Größere Kinder – etwa ab zehn – brennen aber darauf, sich in dieses Abenteuer zu stürzen. Gerade wenn sie hören, dass die Höhlenbefahrung nicht einfach ist, weil sie bei steinigem, unebenem Grund durch Wasserpfützen waten und sich oft tief bücken müssen; und dass sie Schutzkleidung (alten Anorak, Skianzug), Kopfschutz (Helm) und Gummistiefel brauchen. Auf 110 Metern Länge lässt sich die gewundene Höhle erkunden. Sie bietet so viel Schönes und Schauriges, dass sich Kinder wie Helden in einer fantastischen Geschichte vorkommen, die in dieser Unterwelt Drachen besiegen und Königstöchter befreien müssen. Wer eine solche Höhle „schafft", darf sich etwas einbilden.

Leichter passierbar ist die **Todsburger Höhle** nach längeren Trockenzeiten. Aber auch bei Trockenheit stehen im Nymphenbad und in der schönsten Halle mit den großen Sinterbecken kleine Teiche. Die Sinterbecken, teils leer, weil mutwillig beschädigt, teils mit glasklarem Wasser gefüllt, sind das Eigenartigste an dieser Höhle, die viele Tropfsteinbildungen enthält: Säulen, Stümpfe, Kaskaden, Vorhänge. Man sollte sich viel Zeit zum Umschauen lassen. Wegen der Trittsicherheit geht es ohnehin nur langsam voran. Je stärker die Taschenlampen, um so mehr wird von den Schönheiten sichtbar: an den Wänden, an der Decke, in den Klüften und Nischen. Es ist einfach wunderbar.

Tatsächlich war um 1895 die Todsburger Höhle für kurze Zeit Schauhöhle. Enge Stellen wurden erweitert, Bretter über die Wasserstellen gelegt, Besucher kamen. Aber in kurzer Zeit waren viele Tropfsteine abgeschlagen, die bis zu einem Meter hohen Sinterbecken zerstört, die Höhle von Fackeln rußgeschwärzt. Dann geriet sie wieder in Vergessenheit.

Wer heute den Zugang gefunden hat, steht vor einer verschlossenen Gittertür und erfährt auf einem Schild: „Liebe Besucher! Das Naturdenkmal Todsburger Höhle bleibt zum Schutz vor Beschädigungen ganzjährig verschlossen. Begehungen sind im Einzelfall in der Zeit vom 16. April bis 14. November möglich. Der Schlüssel für das Tor kann beim Bürgermeisteramt Mühlhausen oder beim Wirtshaus „Zum Eseleck" in Mühlhausen entliehen werden". Zum Staatlichen Forstamt in Weilheim/Teck, das ebenfalls angegeben ist, wird sich wohl niemand bemühen wollen. Also nimmt man den Schlüssel – gegen Legitimation – am besten vorher im Wirtshaus „Zum Eseleck" mit. Es steht unmittelbar an der Auffahrt zur Höhle und zu den *Eselhöfen*. Da nur ein Schlüssel im Gasthaus vorhanden ist, sollte man ihn bald wieder zurückbringen.

Wer traut sich weiter? (Hier: das Große Gerberloch)

Hinter dem Höhleneingang muss man sich auf der rechten Spur halten! Bald geht es rechts herum, immer schön langsam. Oft hängt die Decke tief herunter. Und dann kommt die erste nasse Stelle. Gut, wenn man jetzt einen Stock dabei hat und die Tiefe ausmessen kann. Kniehohe Gummistiefel reichen aber gewöhnlich aus. Sie bleiben mitunter schier im Lehm stecken. Dann kommt die Halle mit den Sinterbecken, Tropfsteinen und versteinerten Wasserfällen. Manche Stellen sind ganz weiß von „Montmilch". Hier bilden sich neue Sinterformationen.

Am zweiarmigen Höhlenschluss sind noch mal schöne Tropfsteine zu sehen. Es gibt einen ganz niederen Schluff, der in eine weitere kleine Halle führt, aber der ist „richtigen" Höhlenforschern vorbehalten, weil man da auf dem Bauch hindurchrobben muss. Wir kehren hier um und genießen die Naturwunder jetzt aus einem anderen Blickwinkel neu. Mancher wird froh sein, wenn er bei der letzten Kehre ganz hinten wieder Tageslicht schimmern sieht. Der eigene Anblick vor der Höhle ist dann weniger erfreulich. Wasser im Auto ist wichtig, damit man sich waschen kann.

Wie kommt man zur Todsburger Höhle?

Mit dem Auto fährt man auf der A 8 bis zur Ausfahrt Mühlhausen (Nr. 59) und weiter in Richtung Wiesensteig. Bei der Kirche in Mühlhausen, am Gasthaus „Zum Eseleck", zweigt links die Kohlhaustraße ab (Wegweiser: Eselhöfe). Es geht nach rechts unter der Autobahn hindurch und lange Zeit über der Autobahn hin. Nach einer Linkskehre (rot angemalter Stein) kommt man schnell in die Höhe, muss aber schon am Waldausgang parken. Links ist dafür ein breiter Randstreifen im Gras frei gehalten. Gleich dahinter führt ein Pfad nach links. Nur wenige Schritte, dann muss man links durchs Unkraut in eine wilde Klinge hinab, die sich als der frühere Weg nach Mühlhausen entpuppt. (Geradeaus käme man auf die Felsen über der Höhle! Der halsbrecherische Abstieg ist nicht zu empfehlen.)

Vom Weg nach Mühlhausen führt nach etwa 150 Metern eine erkennbare Spur halb rechts steil aufwärts bis vor den tief liegenden Höhleneingang.

Bürgermeisteramt Mühlhausen

Auskünfte: Gosbacher Straße 16
73347 Mühlhausen
Telefon: 0 73 35/96 01-0

Einkehr:
Wirtshaus zum Eseleck, Gosbacher Straße 15, 73347 Mühlhausen, Telefon: 0 73 35/52 75, täglich geöffnet (außer dienstags)

Kartentipp:
1 : 50 000 Landesvermessungsamt Baden-Württemberg Blatt F 15 Göppingen – Geislingen

Ein rasantes Vergnügen: Sommerbob fahren

Wer will sein Sparschwein schlachten und den Inhalt auf der Sommerbobbahn in Sonnenbühl-Erpfingen oder Westerheim verjubeln? Das geht ziemlich schnell, ist aber zu wenig Spaß und Abenteuer für einen ganzen Tag auf der Alb. Verbinden lässt sich das Rutschvergnügen in Westerheim mit dem Besuch zweier Höhlen: der Schertelshöhle und dem Steinernen Haus – und einer kürzeren Wanderung zum Filsursprung. Dort liegt ein schöner Grillplatz direkt am Wasser, denn die Quelle fließt in ein großes, flaches Becken. Stufen führen hinunter. Doch für ein ausgedehntes Fußbad dürfte es zu kalt und der Boden zu steinig sein. Selbstgebastelte Schiffchen könnte man an einer Leine schwimmen oder sich noch andere Wasserspiele einfallen lassen. Der Rückweg durch eine wilde Klinge wird zur Dschungelexpedition.

Die Zufahrt zur **Schertelshöhle** ist am Ortsanfang von Westerheim angezeigt. Noch vier Kilometer sind über den Westenberg bis zum Parkplatz bei der Schertelshöhle zu fahren. Dann geht es zu Fuß 300 Meter abwärts zum Rasthaus an der Höhle. Kurz vorher sollte man links das eingezäunte **Kuhloch** anschauen. Durch diesen Trichter wurde die Höhle entdeckt. Angeblich soll ein Förster plötzlich seinen Hund vermisst haben. Der war in dieses Loch gefallen und bellte aus der Tiefe um Hilfe. Kuhloch heißt der Trichter auch deshalb, weil die Bauern in dieser unergründlichen Abfallgrube verendete Rindviecher verschwinden lassen konnten.

Schon um 1830 wurde der ebene Zugang künstlich geschaffen und die Höhle für Besucher geöffnet. Die gingen damals noch mit Fackeln hinein und schwärzten die schönen Tropfsteine. Heute ist die Höhle elektrisch beleuchtet. Ein Führer geht mit und erklärt alles. Die Schertelshöhle hat zwei auseinanderstrebende Gänge und ist insgesamt 212 Meter lang. Großen Eindruck macht natürlich das Kuhloch von unten, durch das mittags ein paar Sonnenstrahlen einfallen. Bei einer besonders schönen Tropfsteingruppe, der „Orgel", nimmt der Höhlenführer mitunter ein bereitliegendes Eisenstück und entlockt den Kalksintersäulen einige Töne.

Nach dem Höhlenbesuch geht es die vielen Stufen hinab bis zur Wegkreuzung im Tal. Genau gegenüber führen Stiegen wieder hinauf zum nahen **Steinernen Haus**. Das ist eine offene, etwa 50 Meter tiefe Halle. In Kriegszeiten sollen Menschen darin Schutz gesucht haben. Wer die Höhle bis in den letzten Winkel erforschen will, braucht eine Taschenlampe.

Zum „Filsursprung, 2,5 km" geht es dann unten im Tal dem Wegweiser nach (*Hauptwanderweg 7* des Schwäbischen Albvereins mit dem *roten Strich*). 20 Minuten später ist das Hasental erreicht, und man muss rechts herum zum **Filsursprung**, wo eine längere Rast fällig wird. Wenn jeder in seinem Rucksack trägt, was er selber essen und trinken möchte, ist ein Picknick dort kein Problem. Auf dem Grillplatz im Seitental gibt es zwei Feuerstellen. Hauptanziehungspunkt dürfte jedoch die Quelle mit dem Wasserbecken sein.

Hinter dem Grillplatz öffnet sich ein wildes Tal, das „Nasenloch". Sollten wir da hindurch für den Rückweg? Bis zur Zieleiche ist es gar kein richtiger Weg und im oberen Teil bitten die Jäger darum, dass man in diesem Urwald die Tiere nicht stört. Wer also dem Pfad bis zur Zieleiche folgen wollte, was mehr als abenteuerlich ist, sollte schleichen und sich leise verhalten. Über Stock und Stein und gestürzte Bäume muss man turnen. Bei der Gabelung geht es weiter geradeaus. Dann kann es nach Regentagen passieren, dass aus dem Weg ein Bächlein geworden ist, zur Freude der Kinder, die von Stein zu Stein springen. Später zieht die Spur stark aufwärts, und die Klinge mit ihren Steinwänden und herabgestürzten Blöcken bleibt rechts. Sie endet unter einer Felsstufe. Da hinüber verläuft der Pfad zur **Zieleiche**, einem 1902 neu gepflanzten Baum.

Jetzt geht es in Fortsetzung der Klinge den gelben, breiten Weg aufwärts bis zu den geteerten Wegen. Nach rechts weist ein Schild zur „Schertelshöhle, Steinernes Haus". Durch den schattigen Wald kommt man zur Zufahrtsstraße Westerheim-Schertelshöhle und gegenüber in den *Hauptwanderweg 7*, der 500 Meter weiter halb rechts in ein Waldtal hinunterführt. Nach einem Kilometer weist ein Schild zur Schertelshöhle aufwärts (ganz nahe: Spielwiese, Feuerstelle).

Die Wanderstrecke ist etwa sieben Kilometer lang. Wer nun noch Lust hat auf die Rutschpartie, fährt nach Westerheim oder ins benachbarte Donnstetten zur Bobbahn.

Ganz schön in Fahrt kommt man auf der Bobbahn in Donnstetten

Wie kommt man nach Westerheim?
Auf der A 8 kann man beim Behelfsanschluss Hohenstadt (Nr. 60) hinausfahren und nach knapp vier Kilometern Westerheim erreichen.

Westerheim
Der anerkannte Luftkurort mit Campingplatz, Ferienhäusern und lebhaftem Fremdenverkehr bietet noch mehr Attraktionen wie Reitstall, Tennisplätze, Trimmpfad, Minigolf und ein schönes Hallenbad mit Liegewiese.

Auskünfte: Gemeindeverwaltung
                       Kirchenplatz 16
                       72589 Westerheim
                       Telefon: 0 73 33/96 66-0
                       e-Mail: info@westerheim.de
                       Internet: www.westerheim.de

Schertelshöhle

Geöffnet: 15. Mai bis 1. Oktober
                      werktags   9.00 – 17.00 Uhr
                      Palmsonntag bis 15. November
                      sonn- und feiertags   9.00 – 17.00 Uhr

Auskünfte: Höhlenverein Westerheim e. V.
Siedlungsstraße 7
72589 Westerheim
Telefon: 0 73 33/64 06

Einkehr:
Rasthaus bei der Schertelshöhle, Höhlenverein e. V.,
Familie Rauschmaier, Siedlungstraße 7, 72589 Westerheim,
Telefon: 0 73 33/64 06

Wie kommt man zur Bobbahn Westerheim?
Man fährt nach Westerheim hinein, biegt rechts in die Straße
Richtung Donnstetten und sieht am Skilift die Bobbahn.

Geöffnet: samstags, sonn- und feiertags   ab 10.00 Uhr

Auskünfte: Telefon: 0 73 33/49 90

Bobbahn Römerstein-Donnstetten
Bahnlänge: 1 160 Meter

Geöffnet: im Sommer
dienstags bis freitags   13.00 – 19.00 Uhr
samstags und sonntags   10.00 – 19.00 Uhr
im Winter
samstags und sonntags   10.00 – 17.00 Uhr
in den Schulferien
täglich   10.00 – 19.00 Uhr
montags   Ruhetag

Auskünfte: Telefon: 0 73 82/6 09 (Fam. Gunzenhauser)
Internet: www.bobbahn-donnstetten.de

Sommerbobbahn Sonnenbühl-Erpfingen
Bahnlänge: 1,3 km, 13 Kurven, Höhenunterschied 100 Meter

Geöffnet: bei trockenem Wetter   8.00 – 19.00 Uhr

Auskünfte: Telefon: 0 71 28/20 56
Internet: www.sommerbob.de

Die „wildesten" unter den Schauhöhlen

Uns passiert es sicher nicht, dass wir eine noch unbekannte Höhle auf der Alb entdecken. Das aber brachten vor mehr als 100 Jahren ein paar Studenten aus Stuttgart fertig. Sie kamen zu Fuß über die Alb und wollten in Gutenberg den Pfarrer Gußmann besuchen. Der war ein begeisterter Altertumskundler und interessierte sich für Höhlen, weil er hoffte, darin die Spuren eiszeitlicher Tiere und Menschen zu finden.

Sie waren gerade beim Abstieg nach Gutenberg – da goss es in Strömen und sie stellten sich im Heppenloch unter, einer seit alter Zeit bekannten Felsnische. Vor lauter Langeweile beschauten sie sich die hintere Wand genauer und stellten fest: Das ist gar kein Felsen, sondern ein Kalksintervorhang, abgesetzt aus jenem Kalk also, der die Tropfsteine wachsen lässt. Messerscharf schlossen sie daraus, dass es hinter der Wand mit der Höhle weitergehen müsste. Dieser Meinung war auch Pfarrer Gußmann, als er von der Entdeckung hörte. In ihrer Begeisterung gründeten die Höhlenforscher noch am gleichen Abend – es war der 27. August 1889 – in Gutenberg den „Schwäbischen Höhlenverein". Seine erste Aufgabe war, das Heppenloch zu erforschen.

Der Verein bestand nur 20 Jahre lang, dann ging ihm das Geld aus. Aber in dieser kurzen Zeit wurden viele Höhlen erkundet und wertvolle Funde gemacht. Hinter dem Heppenloch wurde tatsächlich eine 180 Meter lange Höhle mit engen Gängen und vier großen Hallen gefunden. In einer 15 Meter dicken Lehmschicht, die den Zugang verstopft hatte, kamen Knochen von Bären, Löwen, Wildpferden, Wisenten, Nashörnern und Wölfen zum Vorschein – und als besondere Rarität: der Kieferknochen eines Affen. Kaum zu glauben, dass es diese Tiere auf der Alb einmal gegeben hat.

Die so entdeckte Gutenberger Höhle wurde bald zur Schauhöhle, wo die wenigen Besucher anfangs mit Fackeln, später mit Taschenlampen und heute bei elektrischer Beleuchtung hineingeführt werden. Aber alles ist bescheiden und wildromantisch geblieben in diesem Felsental, das sich in Nord-Süd-Richtung nach Gutenberg hinunterzieht. Im oberen Teil gibt es noch weitere Höhlen. Man muss sich, oben vom Parkplatz bei Krebsstein kommend, die zerlöcherten Schwammkalke einmal genauer ansehen! Vom Weg zur Gußmannshöhle sieht man rechts oben im Winkel das „Wolfsloch". Der Anstieg über die niedere Felswand lohnt sich. Taschenlampe mitnehmen!

Kletterspaß bei der Gußmannshöhle

Beim Wegweiser zu den Höhlen wird man zuerst zur **Gutenberger Höhle** auf einem schmalen Saumpfad unter merkwürdigen Felsgebilden nach links wandern. Schon die Vorhalle, das alte **Heppenloch**, ist sehenswert!

Von der Gutenberger Höhle geht es zurück zur **Gußmannnshöhle** auf der anderen Talseite. Sie wurde etwas später als die Gutenberger Höhle entdeckt und ausgegraben. Diese Spaltenhöhle ist nur kurz, enthält aber ganz herrliche Tropfsteinbildungen in den hohen Schächten. Auch sie wird elektrisch beleuchtet.

Oberhalb der Gußmannnshöhle liegt die 33 Meter lange, offene **Krebssteinhöhle**. Wer wie ein Affe klettern kann, klimmt links vom Eingang der Gußmannnshöhle etwa zehn Meter aufwärts und steht vor dem leicht begehbaren Loch.

Wie kommt man zu den Gutenberger Höhlen?

Von der A 8 geht es bei der Ausfahrt Kirchheim(Teck)-Ost (Nr. 57) ins Lenninger Tal (B 465). In Gutenberg zeigt ein geschnitzter Wegweiser zu den „Gutenberger Höhlen 20 Min." aufwärts durchs Tiefental. Auf diesem Fußweg kommt man zuerst zur Gußmannnshöhle. Zum oberen Parkplatz „Gutenberger Höhlen" fährt man (B 465) weiter aufwärts nach Schopfloch und am Ortsende links in Richtung Krebsstein. Nach einem Kilometer liegt in der Kehre der Parkplatz. Der kurze Zugang zu den Höhlen ist beschildert.

Geöffnet:	1. Mai bis Mitte Oktober
	samstags 13.00 – 17.00 Uhr
	sonn- und feiertags 10.00 – 17.00 Uhr
	Bei durchgehend schlechtem Wetter geschlossen.
Höhlenführungen:	(Wanderwetter vorausgesetzt)
	samstags 13.00 – 17.00 Uhr
	sonn- und feiertags 10.00 – 17.00 Uhr
	unter der Woche nach Voranmeldung bei der Ortsverwaltung Gutenberg
Auskünfte:	Telefon: 0 70 26/78 22 (werktags)

13 Goldgräbern auf der Spur

Vom „Goldloch" durch die Große und die Kleine „Schrecke"

Nicht bloß am Klondike brach im 19. Jahrhundert das Goldfieber aus – es ging auch in Württemberg um. Anno 1820 entdeckte ein Pforzheimer Goldarbeiter mit geübtem Auge Gold im Scheuersand seiner Frau, den sie aus Sternenfels am Stromberg bezog. Es waren zwar nur winzige Teilchen, aber Gold ist Gold! Vielleicht gab's da noch mehr, wo dieser Sand herkam?

Auch in Kaltental, damals noch „bei Stuttgart", wurde zeitweilig Gold gewaschen, weil der Nesenbach aus den Sandsteinlagern des Glemswaldes ein paar Goldstäubchen herangeschwemmt hatte. Im Filstal versuchten ebenfalls Goldwäscher ihr Glück. Dass sie damit reich geworden sind, hat niemand gehört.

Auf der Schwäbischen Alb gab es gleichfalls einen Goldrausch! Schon früher gingen da Gerüchte um, dass in den Höhlen Gold verborgen sein sollte. Hier und da wurden nämlich keltische und römische Münzen aus Edelmetallen gefunden, und weil man sich damals noch nicht erklären konnte, wie sie dahingekommen waren, wurden eben Märchen erzählt: Im Sibyllenloch unter der Burg Teck zum Beispiel würde ein schwarzer Hund eine mit Gold gefüllte Truhe bewachen!

Die Falkensteiner Höhle

In der **Falkensteiner Höhle** bei Bad Urach, die in ihrer ganzen Länge noch nicht erforscht ist, versuchten ab 1770 immer wieder Goldgräber ihr Glück. Gelblich verfärbte Tropfsteine wurden hier für goldhaltig angesehen. Ein auswärtiger betrügerischer Geschäftemacher veranlasste eine Probe, die dank seiner heimlichen Beimischung „positiv" ausfiel. Darauf drängten sich Goldsucher von überall her und wollten eine Schürferlaubnis. Da sie nicht locker ließen, bekamen Auswärtige von den zuständigen Ämtern schließlich die Erlaubnis. Württembergische Untertanen aber bekamen keine, weil bei den Sachverständigen feststand, dass im Jurakalk kein Gold zu finden sei und sie die Schürfgebühr sparen sollten.

50 Jahre dauerte in der Falkensteiner Höhle das Goldfieber – und weil man vermutete, dass die Höhle auch einen Ausgang nach Schlattstall habe, wurde zu Anfang des 19. Jahrhunderts in einer Quellhöhle der „Schwarzen Lauter" ebenfalls nach Gold gesucht.

Warnhinweis: Die Falkensteiner Höhle ist eine aktive Wasserhöhle und sollte aus Sicherheitsgründen nicht begangen werden.

Das „Goldloch"

Als Gustav Schwab um 1820 den ersten Wanderführer der Schwäbischen Alb schrieb, konnte er noch berichten: Es sei ein Felsspalt, aus dem Wasser hervorquillt, „und wenn man das Ohr an den Fels hält, hört man das Wasser in weiter Ferne in den Eingeweiden des Felsgebirges rauschen und gären." Doch schon 1822 musste er dem Manuskript als Fußnote hinzufügen: „So war es bisher. Thörichte Nachgrabungen nach edlen Erzen hat jetzt diese stille Werkstätte der Natur verstört und ein häßlicher Schacht leider den Zugang bequem gemacht."

Durch diesen „häßlichen Schacht" ließe sich für sportliche Leute je nach Wasserstand und mit entsprechend hohen Gummistiefeln etwa 30 Meter tief in das „Eingeweide" des Berges eindringen. Nach einer Sage sollen riesige Vögel im „Goldloch" einen Schatz bewacht haben. Tatsächlich brüten mitunter Schwalben im Zugang. Wenn sie schreiend auffliegen, kann man schon erschrecken.

Jedenfalls sind die Quellen der „Schwarzen Lauter" bei Schlattstall sehenswert. Der kleine Ort liegt in einem so engen Tal, dass im Winter wochenlang die Sonne nicht hereinscheint. Der angezeigte Parkplatz befindet sich bei der Ortsmitte in einem Seitental (Albstraße). An seinem Ende führt rechts ein breiter Waldweg (offene Schranke) um die Bergnase herum und ins Tal der „Schrecke" hinein (Naturschutzgebiet). Er verläuft aber oberhalb der Quellen, zu denen man auf schmalem Pfad herabsteigen müsste.

Der Weg durch den Ort ist bequemer. Nach 400 Metern etwa geht es links dem reißenden Wasser nach („Forellen") zur ersten Quelle und erst kurz dahinter zum schaurigen **„Goldloch"**. Das ist aber noch nicht die letzte der starken Quellen. Ein schmaler Pfad führt noch ein Stück weiter über den Hang. Dann quillt unvermittelt so viel Wasser aus dem Boden, dass es sogleich eine Mühle treiben konnte. Kurz davor zieht der vorhin erwähnte schmale Pfad hinauf zum Wanderweg in die „Schrecke" (Wanderzeichen *rote Gabel*). So lassen sich einige hundert Meter Pflaster treten sparen, wenn man durch die Große und die Kleine „Schrecke" weiterwandern will – aber zum Teil auf beschwerlichen, schlechten, „abenteuerlichen" Wegen!

Durch die Große und die Kleine „Schrecke"

Dafür sind wir vom „Goldloch" aus insgesamt 1,5 Stunden unterwegs. Bei der Wegteilung „Große Schrecke – Kleine Schrecke" gehen wir mutig nach links in die **Große Schrecke** mit ihren steilen Felswänden hinein, kommen bald an den Talschluss, überwinden die Wand mit Hilfe von „Treppen" und kommen oben auf einen sehr schmalen Pfad, der oft hart am Rande zum „Schreckenfelsen" führt, der Große und Kleine „Schrecke" voneinander trennt. Von hier oben ist der Blick ins Tal und nach Schopfloch auf der Albhöhe besonders schön.

Der Abstieg führt durch die **„Kleine Schrecke"**, die kürzer und nicht ganz so aufregend ist. Dazu geht es erst ein Stück zurück in den Wald hinein und nach rechts, wo der bezeichnete Weg zur „Kleinen Schrecke" abzweigt. Bis hier oben bei den senkrecht abstürzenden Wänden reichte in vorgeschichtlicher Zeit der „Heidengraben", mit dem die keltische Befestigungsanlage auf der Hochfläche abgesichert war. Bei diesen Felsen war kein Schutz mehr nötig. Das sehen wir selbst: Hier kommt kein Feind herauf!

Bei manchem Pfad heißt's aufgepasst!

Wie kommt man nach Schlattstall?
Über die A 8, Ausfahrt Kirchheim(Teck)-Ost (Nr. 57). In Richtung Oberlenningen – Blaubeuren (B 465) biegt man kurz vor Gutenberg rechts nach Schlattstall ein.

Spurensuche am Burrenhof

Weil unsere Vorfahren sich nicht erklären konnten, von wem die riesige Befestigungsanlage hinter dem Hohenneuffen stammt, sagten sie einfach: von den Heiden. Das stimmt sogar, wie die Forscher herausgefunden haben. Im ersten Jahrhundert vor Christi Geburt kamen die Kelten auf diese Berghalbinsel und haben dort das größte keltische Siedlungszentrum im süddeutschen Raum angelegt. In dieser Stammeshauptstadt wurden Münzen geprägt, Märkte und politische Versammlungen abgehalten.

Wie günstig gerade jener Platz hinter dem Hohenneuffen war, ist leicht auf einer Landkarte mit Höhenlinien zu erkennen. Die schwer überwindbaren Steilhänge der Alb gaben ringsum natürlichen Schutz. Nur die ebenen Zugänge von der Alb her wurden durch Graben und Wall abgeriegelt. Der Graben lag immer auf der Feindseite, da mussten die erst mal durch! Der Wall war mehrere Meter hoch und wurde mit Holz, Steinen und Pfosten verstärkt. Südlich von Grabenstetten führt die Straße mitten durch den Heidengraben. Nördlich von Erkenbrechtsweiler ist ein Stück des Walls mitsamt einem Tor wieder aufgebaut worden. Auch ein Stück der grobgepflasterten Zugangsstraße ist noch zu sehen. An beiden Stellen gibt es Parkplätze, Hinweistafeln und jede Menge Sonntagsspaziergänger.

Wer auf Schleichwegen weniger bekannte Teile des **Heidengrabens** entdecken möchte, fängt dieses Unternehmen anders an. Die Spurensucher fahren durch Neuffen und die Steige nach Grabenstetten hinauf. Kaum sind sie oben in Richtung Grabenstetten abgebogen, kommen sie schon durch den Wall. Dahinter liegt links der Wanderparkplatz „Hochholz" (Astropfad) mit einer Feuerstelle im Grünen. Hier steht eine Informationstafel zum Heidengraben, denn der baumbestandene Wall links ist ein eindrucksvolles Stück der Befestigung. Wir gehen hinauf auf den Wall und tatsächlich über Stock und Stein bis zur Bergkante. Hier endet die Befestigung, weil der Steilhang sie unnötig machte. So deutlich wie auf diesem kurzen Stück lassen sich Graben und Wall nicht überall erkennen!

Jetzt überschreiten wir die Straße (Landschaftsschutzgebiet) und finden später immer wieder das Zeichen des *Heidengraben-Rundwanderweges*: ein *Männchen*, Abbild eines Radnabenbolzens aus keltischer Zeit. Neben dem hier grünen Wall kommt man ganz schnell zum besterhaltenen Zangentor der Anlage, das hinter dem Gasthaus „Burrenhof" liegt. Burren sind Hügel, in diesem Fall Grabhügel aus der Hallstatt-Zeit (lange vor dem Heidengraben), die hier oben zahlreich gefunden wurden. Am *Tor F* – die Bezeichnung mit Buchstaben stammt vom Erforscher des Heidengrabens Friedrich

Hertlein – sieht man genau, wie die Kelten den Zugang zur Hülbener Berghalbinsel sicherten: Zwei Schenkel des Walls springen zurück, zwischen denen Angreifer in die Zange genommen und von mehreren Seiten bekämpft werden konnten. Früher versperrte noch ein Torbau den Zugang. Auf einer Tafel sieht man alles ganz genau, wie es früher war.

Jenseits vom *Zangentor F* fängt das Heidengrabenabenteuer erst so richtig an. Der sehr steinige und schwierig begehbare Wall – mit dem Graben rechts – zieht weiter bis zum Steilabfall des Kaltentals, und wir immer obenauf? Oder auch daneben? Aber wohl nur die ersten 50 Meter, dann kommen Pfadfinder auch oben weiter. Wo der Wald anfängt, muss man links ausweichen. Es geht rechts durch eine kleine Senke. Auf gleicher Höhe läuft drüben die Fußspur weiter, bald an alten Grenzsteinen entlang. Der Wall hat längst aufgehört, denn rechts gähnt der Abgrund ins Kaltental!

Der Bergkante folgend geht es links herum. Nach 200 Metern ist unten auf dem Kaltentalweg eine rot-weiße Schranke zu sehen. Da müssen die Spurensucher – ganz gleich wie – hinunter. Unten stehen sie vor dem **Hügel-Fels**, wo sich der Forstmann „v. Hügel 1864" verewigt hat. Den markierten Wanderweg nach Bad Urach lassen wir rechts liegen. Unser kühner Pfad zieht hinter dem mannshohen Stein am Hügel-Fels entlang und schließlich durch ein Trockental aufwärts. Wer in dieser Wildnis das Schild mit dem Radnabenmännchen entdeckt, hat eine Prämie verdient!

Voraus sieht man einen steilen Hang. Ehrensache, dass die Kinder dort hinaufklettern und oben nach links weiterpirschen zum *Tor A* der hier beginnenden „Elsachstadt". So hat der Forscher Hertlein das Oppidum der Kelten genannt. Oppidum heißt Stadt. Sie war innerhalb des befestigten Großraums mit einem zweiten Wall gesichert. Am *Tor A* sind ebenfalls noch Zangen zu sehen.

Wir spazieren auf dem Wall weiter und bemerken die Spuren doppelter Gräben jetzt auf der linken Seite, denn die Stadt lag rechts! Sie erstreckte sich bis zum Lauereckfelsen über dem Kaltental. Am „Parkplatz Seelenau" haben wir das eindrucksvollste Stück des Heidengrabens schon erforscht und gehen, weil's so schön war, auf dem gleichen Weg zurück. Insgesamt sind das sechs Kilometer.

Dann bleibt sicher noch so viel Zeit, dass die Heidengrabenforscher mit dem Auto zum rekonstruierten *Tor G* nördlich von Erkenbrechtsweiler fahren können. Dort dürfen sie aber nicht an der verkehrten Stelle suchen! Sie fahren durch Erkenbrechtsweiler in Richtung Nürtingen. Hinter dem Ort liegt rechts ein Parkplatz. An seinem Ende stehen Hinweisschilder. Doch das *Tor G* liegt nicht an dem vom Parkplatz ausgehenden Wanderweg zur „Bassgeige". Jener Wall, den man hier so deutlich sieht, stammt wahrscheinlich aus dem Mittelalter. Zum richtigen Heidengraben am *Tor G* muss man auf dem geteerten Weg etwa 150 Meter rechts abwärts wandern. Unten, vor dem Waldsaum, sieht man das wieder aufgebaute Tor mitsamt einem Stück noch erhaltener Keltenstraße. Bildtafeln erklären alles ganz genau. Auch der *Hauptwanderweg 1* des Schwäbischen Albvereins führt am Ortsende von Erkenbrechtsweiler bei der großen Linde gleich rechts durch dieses Tor.

Unterwegs auf dem Heidengraben

Wie kommt man zum Heidengraben?
A 8, Ausfahrt Wendlingen (Nr. 55), durch Nürtingen hindurch in Richtung Neuffen. Man fährt über Neuffen in Richtung Grabenstetten bis zum ersten angegebenen Parkplatz „Hochholz".

Einkehr:
Landgasthaus „Burrenhof", Familie Erwin Waldner, 73268 Erkenbrechtsweiler, Telefon: 0 70 26/73 46, montags Ruhetag

Besonderer Tipp:
In Grabenstetten in der Böhringer Straße 7 gibt es ein kleines Museum zum Heidengraben (bitte vorher anfragen unter Telefon: 0 73 82/3 87). Dort sind auch Fundstücke ausgestellt. Vielleicht machen die anschaulichen Skizzen des gesamten Heidengrabens Lust auf eine längere Erkundung.

Im Ermstal wackelt die Wand

Keine Angst, die mächtigen Felswände im Dettinger Höllenloch stehen ganz fest, wenn mutige Entdecker durch diese gewaltige Spalte klimmen. Aber die Felsen müssen sich irgendwann einmal in Bewegung gesetzt haben. In Jahrmillionen sind sie unmerklich langsam von der Bergkante seitlich abgerutscht. Dabei hat sich ein tiefer Spalt gebildet. Das lässt sich noch an anderen Stellen auf der Alb beobachten, wohl aber nirgends so gut wie hier.

Ein Seil sollte man mitnehmen. Denn wer bis in den letzten Winkel des Höllenlochs vordringt, findet da keine hilfreiche Leiter mehr, höchstens einen Steigbaum, den andere schon reingeschleppt haben. Natürlich kann man wieder umkehren und vorher mühelos hinausspazieren. Aber welcher Draufgänger lässt ein Hindernis aus? Einer müsste oben stehen und die Kleineren hochhieven. Zu klein aber dürften sie auch wieder nicht sein.

So schnell ist das Höllenloch nicht zu erreichen. Der Anmarsch sowohl von St. Johann auf der Höhe wie von Dettingen im Tal dauert eine knappe Stunde. Es macht sicher mehr Spaß, vom Ermstal aus wie die Gämsen durch den „Erdschliff" hochzuklettern und dabei nach Versteinerungen Ausschau zu halten. Da hat es nämlich mal einen Bergrutsch gegeben, eben weil die Wand zu wacklig war.

Der Parkplatz liegt schon ziemlich hoch am Hang, da können wir uns zuerst den **Calver Bühl** anschauen. Jeder sieht auf den ersten Blick, dass dieser kegelrunde Berg ein Vulkan ist. Klein – aber er hat es in sich. So viel Magneteisen nämlich, dass sich die Kompassnadel ablenken lässt, wenn man sich mit einem solchen Instrument nähert. Die schwarze Schlotfüllung liegt ja offen da!

Unterhalb der Kuppe wurde ein Rastplatz mit Feuerstelle eingerichtet. Sogar eine Quelle entspringt hier. An diesem „Hauser-Brunnen" vorbei steigen wir dann wieder hoch zum Wanderweg und kommen auf den großen Spielplatz. Da gibt es Schaukeln, Turngeräte, zwei Feuerstellen und am Sonntag viele Leute. Erst wenn sich der breite Weg zum „Waldheim" wieder senkt, führt ein mit einem *blauem Dreieck* markierter Zickzackpfad halb rechts aufwärts, immer durch den Erdschliff. Er kommt oben an eine breite Waldstraße, weicht aber gleich wieder rechts davon ab. Wer das übersehen haben sollte, geht einfach immer weiter aufwärts und steht bald unter den gewaltigen Felsen. Es sind Schwammstotzen aus dem einstigen Jurameer, die unter Naturschutz stehen.

Hier geht's runter ins Dettinger Höllenloch

Auf dem breiten Fahrweg geht es nach links – und schon gähnt hinter einem schauerlichen Felsentor rechts das **Höllenloch**. In den ersten Kessel hinunter führt eine nicht sehr bequeme Leiter. Die Beine müssen entsprechend lang sein! Wagemutige Kinder finden links davon einen abfallenden Schlupf und kommen auch ohne Leiter in den Kessel hinab. Auf der anderen Seite führt eine Leiter wieder hinauf in den 120 Meter langen und über 30 Meter tiefen Spalt, der langsam ansteigt. Oben zieht ein Wanderweg zum *Aussichtspunkt Sonnenfelsen* quer hindurch. Hier könnte man bequem aussteigen. Die Spalte setzt sich aber noch weiter fort.

Zum Rasten, Spielen und Verweilen findet man in Fortsetzung der Höllenlochspalte schönes Wiesenland unter schattigen Bäumen und sogar eine Feuerstelle. Auch am Einstieg zum Höllenloch, etwas höher gelegen, steht im Wald bei der Uhlandseiche eine Hütte mitsamt einem Feuerplatz. Zurück könnte man auf dem gleichen Pfad (*blaues Dreieck*) absteigen, dann aber auf der breiten Waldstraße gemächlich in Kehren hinunterwandern zum Waldheim der „Naturfreunde", wo man im Freien sitzen kann und Kinder einen Spielplatz vorfinden. Zum Parkplatz zieht der Weg halb links aufwärts durch den Wald.

Wie kommt man zum Dettinger Höllenloch?

Die B 28 führt von Metzingen oberhalb von Dettingen nach Bad Urach. Wir aber müssen durch Dettingen hindurch, denn am Ortsende zweigt rechts der „Rosstrieb" – Bahnübergang mit dem Lokomotiven-Warnzeichen – ab! Hier biegen die Autofahrer ein, bleiben bei der Wegteilung rechts und fahren rechts zur Brücke über die Umgehungsstraße. Drüben geht es links zum „Waldheim"; rechts jedoch – ohne jeden Hinweis! – zum Parkplatz am Calver Bühl. Wenn sich der Weg gabelt, muss man links hinauf, vorm Calver Bühl nach rechts und wieder aufwärts bis zur Schranke. Der Parkplatz liegt rechts. Der Weg geradeaus führt zum Spielplatz. Zum Calver Bühl muss man halb links bei den schönen alten Linden etwas absteigen.

Waldheim der Naturfreunde

Geöffnet:	samstags	14.00 – 18.00 Uhr
	sonntags	10.00 – 17.00 Uhr
Auskünfte:	Telefon: 0 71 23/76 68	

Im Gewirr der Uracher Höllenlöcher

Was ist in den Uracher Höllenlöchern anders als im Dettinger Höllenloch? Hier auf der anderen Seite des Ermstals ist genau das gleiche passiert: Die Randfelsen sind abgerutscht und haben Spalten gebildet. Einen Bergsturz hat es bereits am Nägelesfelsen gegeben – aber das ist schon nach der letzten Eiszeit passiert.

Die **Uracher Höllspalten** sind nicht ganz so tief wie das Dettinger Höllenloch, aber dafür sind es so viele, dass man beim Zählen in Schwierigkeiten kommt. Genau genommen sollen es vier große Spalten sein, die in Richtung der Bergkante verlaufen. Sie sind aber unterbrochen und versetzt, so dass der Eindruck eines wahren Labyrinths entsteht. In zwei tiefe, abgeschrankte Schächte schaut man nur mit Grausen hinunter. In den Spalten und Spältchen kann man mit der nötigen Vorsicht und auf eigene Gefahr sportlich den Entdecker spielen. Es liegen auch genug Steine herum, in denen kleine glatte Schnecken zu finden sind!

Blick vom Hanner Felsen auf die Ruine Hohenurach

Ziemlich eben kommt man von Hülben aus in einer halben Stunde zu den Höllenspalten. Der bezeichnete breite Weg führt erst zum Nägelesfelsen. An der Kante geht es nach links zu den Höllenlöchern weiter. Beim kurzen Abstecher zur Aussichtsbank auf dem **Nägelesfelsen** sollten Kinder zuverlässig auf dem schmalen Weg bleiben und sich von der Bank nicht wegrühren! Aber nirgends ist der Blick auf den *Runden Berg*, die *Rutschenfelsen* und die *Ruine Hohenurach* schöner.

Auf dem Weg vom Nägelesfelsen zu den Höllenlöchern sieht man schon nach 300 Metern die erste, mäßig tiefe Spalte im Wald. Ein Vorgeschmack auf Besseres bietet rechts der Blick in den eingeschrankten Höllenlochschacht. Er soll 50 Meter tief sein. Erst an der Kante fangen die richtigen Höllenspalten an. Da könnte man rechts einigermaßen bequem hinuntersteigen, die große Spalte und den Zugang zu anderen Spalten erkunden. Auch später noch sind Einstiege ins Spaltenlabyrinth möglich. Der ganze Steilhang steht unter Naturschutz und ist zum **Bannwald** erklärt worden. Hier ruht jegliche forstwirtschaftliche Nutzung. Tote und gestürzte Bäume wirken unheimlich.

Oben auf dem Wanderweg (jetzt auch *rotes Schild „Höllenlöcher Nr. 3"*) kommt man schließlich zu einem weiteren eingeschrankten Höllenloch. Dahinter führt der markierte Serpentinenpfad nach Bad Urach und ins Mauchental hinunter. Aber wie kommt man zum Parkplatz bei Hülben zurück? Auf dem gleichen Weg retour, aber nicht bis zum Nägelesfelsen, denn schon beim Bannwaldschild („Höllenlöcher") zieht halb rechts ein breiter Waldweg (*Nr. 4*) zum Parkplatz. (Wer entdeckt bei dieser Abbiegung den „Kopf" an einem Baum, mit Augen, Nase und Mund?)

Wie kommt man zu den Uracher Höllenlöchern?
Von Bad Urach aus (B 28) biegt man nach links in Richtung Hülben. Entweder parkt man bei der nächsten Straßengabel links in der Mauchentalstraße und findet links bald den Aufstieg „Höllenlöcher, Buckleter Kapf". Wanderzeichen ist die rote Gabel. Oder man fährt nach Hülben hinauf und parkt gegenüber dem großen Steinbruch (Wanderparkplatz „Uracher Steige"). Die rote Gabel führt zu den Höllenlöchern – so lange am Waldrand dahin, bis der gelbgekieste Weg (rote Gabel, Nr. 4) in den Wald hineinführt. Nach 200 Metern schon muss man rechts einbiegen und bei der Wegteilung der linken Spur folgen – direkt zum Nägelesfelsen.

Besondere Tipps:
Allein der Höllenlöcher wegen wird wohl kaum jemand nach **Bad Urach** fahren! Im Sommer lockt das beheizte *Höhenfreibad* in herrlicher Lage.

Im Stadtkern mit seinen verwinkelten Gassen und schönen Fachwerkhäusern gibt es viel zu sehen: den Marktplatz mit Rathaus und Marktbrunnen; das ehemals von Wasser umgebene *Residenzschloss* aus dem Jahr 1442. Graf Eberhard im Bart wurde hier geboren und hat im „Goldenen Saal" Hochzeit gefeiert.

Die *Amanduskirche* aus dem 15. Jahrhundert (Eingang durch den Hof des Chorherrenstifts) steht gleich daneben. Unter anderen Sehenswürdigkeiten enthält sie den Betstuhl des Grafen Eberhard, der im Alter sehr fromm geworden ist. Ganz in der Nähe dreht sich das Rad der Klostermühle, in der das *Stadtmuseum* eingerichtet worden ist. Zum rund 500 Jahre alten Stadtpalast „Haus am Gorisbrunnen" ist es ganz nah.

Bad Urach: Fachwerkhäuser mit Marktbrunnen

ⓘ *Stadtmuseum Klostermühle*

Geöffnet:	dienstags, mittwochs, freitags und samstags	14.00 – 17.00 Uhr
	donnerstags	14.00 – 18.00 Uhr
	sonntags	10.00 – 12.00 Uhr
	und	13.00 – 17.00 Uhr

Auskünfte: Hermann-Prey-Platz 3
72574 Bad Urach
Telefon: 0 71 25/4 06 00

Residenzschloss

Geöffnet:	dienstags bis sonntags	9.00 – 12.00 Uhr
	und	13.00 – 17.00 Uhr
	montags Ruhetag	

(außer an gesetzlichen Feiertagen)
01.01., 24. und 25.12. und 31.12. geschlossen

Auskünfte: Telefon: 0 71 25/15 84 90

Aquadrom

Geöffnet:	montags bis donnerstags	10.00 – 22.00 Uhr
	freitags	10.00 – 23.00 Uhr
	samstags	9.00 – 23.00 Uhr
	sonn- und feiertags	9.00 – 21.00 Uhr

Auskünfte: Bei den Thermen 8
72574 Bad Urach
Telefon: 0 71 25/9 46 00
e-Mail: info@aquadrom.de
Internet: www.aquadrom.de

Höhenfreibad Tiergartenberg

Geöffnet:	Mitte Mai bis Ende August	
	täglich	7.30 – 20.00 Uhr
	1. September bis Mitte September	
	täglich	9.00 – 19.00 Uhr

Auskünfte: Am Tiergartenberg
72574 Bad Urach
Telefon: 0 71 25/81 84 oder /1 56-1 60
Internet: www.stadt-badurach.de

Tipp:
Zur **Ruine Hohenurach** hinaufzusteigen, macht Kindern großen
Spaß. Von den alten Gemäuern steht noch recht viel, obwohl die
Festung ab 1765 für lange Zeit als Steinbruch geplündert wurde.
Da lässt sich noch viel auskundschaften in den unterirdischen
Verliesen und den noch erkennbaren Räumen. Schaurig ist ein
Gang durch die düsteren Wachstuben gleich beim Eingang.
Durch die Wandschlitze konnte man auf mögliche Angreifer
schießen.

Auskünfte: Kurbetriebe Bad Urach
Bei den Thermen 4
72574 Bad Urach
Telefon: 0 71 25/94 32-0
e-Mail: kbu@badurach.de
Internet: www.badurach.de

Blick auf den Hohenurach

Erholungsgebiet Eninger Weide

Ob Kinder Schaukeln, Wippen und Klettergerüste wirklich zum Spielen brauchen? Wenigstens für eine gute Weile macht es Spaß, alle Geräte auszuprobieren. Zwischendurch aber muss mehr passieren: Geländespiele machen, etwas auskundschaften, Tiere beobachten, mit dem Ball kicken, Würste braten...

Alle diese Wünsche werden im **Erholungsgebiet Eninger Weide** auf der Reutlinger Alb erfüllt. Werktags geht es da oben ruhiger zu als an Sonntagen. Aber Platz ist für viele auf dem riesigen Gelände. Zwischen Büschen und schattigen Bäumen liegen auf den Spielwiesen mehrere Grillplätze gut verteilt. Holzvorräte sorgen dafür, dass nicht plötzlich der Ofen ausgeht. An Tischen und Bänken kann sich die Familie zum Essen niederlassen oder ihr Lager auf sonnigen Wiesen ausbreiten.

Wenn die Familie irgendwo ihr Standquartier aufgeschlagen hat, sind die Kinder reichlich damit beschäftigt, dieses Freizeitrevier zu erkunden. Als starker Anziehungspunkt erweisen sich die Wildgehege mit Hirschen und Wildschweinen. Das Rotwild liegt oft gut versteckt im Wald und lässt sich suchen.

Jakob, Luise, Martin – und Susi

Bei der munteren Rotte Wildschweine geht es links zur schönen Aussicht. Direkt unter dem Strommast sieht man herrlich auf den unteren *Stausee* des Pumpspeicherwerks Glems.

Zum Rundgang um das obere Speicherbecken sollten die Eltern mitgehen. Beim Wildschweingehege folgt man dem Weg nach rechts und kommt an einen begrünten Zaun. Links aufwärts geht es immer an ihm entlang. Das Becken ist deshalb so gesichert, weil es lebensgefährlich wäre, da hineinzurutschen! Bei den steil geneigten Wänden käme ohne Hilfe niemand wieder heraus. Das sieht jeder, wenn er oben beim Informationsstand angelangt ist und den See überblicken kann. Auf einer Tafel wird genau erklärt, wie die Stromerzeugung funktioniert. Das oben gespeicherte Wasser läuft durch Rohre abwärts und setzt unten zwei Turbinen in Gang. Nachts bleibt so viel Strom übrig, damit das Wasser vom unteren See wieder in den oberen hochgepumpt werden kann. So wiederholt sich jeden Tag die umweltfreundliche Energiegewinnung. Wer einkehren möchte, findet beim Abgang vom Speicherbecken das Wanderheim des Schwäbischen Albvereins.

Wie kommt man zum Erholungsgebiet Eninger Weide?
Von Metzingen oder Reutlingen fährt man nach Eningen. Dort wird die Auffahrt nach St. Johann angezeigt. Sobald die Albhöhe erreicht ist, zweigt die Zufahrt zum Erholungsgebiet mit seinen Liegewiesen, Feuerstellen, Sporteinrichtungen, Spielgeräten und Wildgehegen links ab (Bushaltestelle Eninger Weide). Einbahnverkehr zu den Parkplätzen. Zum riesigen Spielgelände mit einigen Feuerstellen geht es noch vor dem Rotwildgehege links hinauf (Schranke). Über Bad Urach, Würtingen und den Gestütshof St. Johann kommt man auch zur Eninger Weide.

Wanderheim des Schwäbischen Albvereins Eninger Weide
(Hans-Schenk-Haus)

Geöffnet:	samstags	ab 14.00 Uhr
	sonn- und feiertags	ganztägig
	geschlossen vom 24.12. – 06.01.	
Auskünfte:	Übernachtungen (38 Plätze) für Gruppen nach Vereinbarung, Telefon: 0 71 21/8 32 50 (Frau Margarete Härle)	

Auf abenteuerlichen Wegen zur Tulkahöhle

Wer war denn dieser Rulaman? Das sollten unsere Wanderkinder wissen, sonst finden sie die Höhle am Wittlinger Burgfelsen nur halb so aufregend. Hier hat sich nämlich die Geschichte des Knaben Rulaman aus der Steinzeit abgespielt; jedenfalls in der Fantasie des fachkundigen Erzählers David Friedrich Weinland. Vor mehr als 100 Jahren schrieb er seinen Roman „Rulaman", der vor allem der Jugend vom Leben der ersten Menschen auf der Schwäbischen Alb erzählen sollte. Das inzwischen neu aufgelegte Buch liest sich heute noch genauso spannend wie damals.

Auf Rulamans Spuren zur Tulkahöhle

Es gibt sie also wirklich, die große Höhle, in der die Tulkas lebten; den Vorplatz, auf dem sie sich gewöhnlich aufhielten und ihre Jagdbeute am offenen Feuer brieten; die Staffahöhle, in der sich die alte Parre mit dem todkranken Häuptlingssohn Rulaman hinaufrettete und aus der sie die Leiter mit den Feinden in den Abgrund stürzte!

Was tut's, dass gerade jene Höhlen am Hohenwittlingen in vorgeschichtlicher Zeit vermutlich gar nicht bewohnt waren? Weinland hat sie belebt, nachdem in anderen Albhöhlen sehr viele Spuren urmenschlicher Existenz gefunden wurden. Er siedelte seine Tulkas in den ihm bekannten Höhlen seines Hausbergs an, denn er wohnte auf diesem „Schroffen" der Schwäbischen Alb.

Tulkahöhle (Schillerhöhle)

Der Anmarsch wird besonders spannend, wenn wir vom Parkplatz aus nicht wie die meisten Leute geradewegs zur Burgruine Hohenwittlingen gehen und dann zur „Schillerhöhle" abbiegen. So steht der Name auf den Wanderkarten und Wegweisern. Wir kommen vom Tal her! Auf den gleichen Wegen wie die Tulkas, wenn sie von der Jagd heimkehrten. Tatsächlich ist dieser aufgelassene „Wanderweg" nichts für normale Spaziergänger und erst recht nichts für kleinere Kinder. Er trägt kein Wanderzeichen mehr und wird offenbar auch nicht mehr gewartet.

Wer es dennoch wagen will, marschiert unmittelbar hinter dem Parkplatz „Hohenwittlingen" rechts herum in die Wittlinger Schlucht, obwohl da kein Wegweiser mehr hängt. Am Querweg gehen wir nach links dem tiefen, unten fließenden Bach nach. Zu ihm steigen wir schließlich rechts in schmalen Kehren hinab zur engen Schlucht, finden Halt am eisernen Geländer. Um die Felsen herum führt der schmale Weg, bald schon müssen wir ohne Brücke oder Steg über den Bach. Auf der anderen Seite geht der Weg zunächst den Hang entlang, um bald wieder in Serpentinen auf einen Steg hinunter an den Bach zu führen. Wieder über den Bach müssen wir gleich links (Stufen) den schmalen Saumpfad am Berghang aufwärts steigen. Unter hohen Felswänden führt er dahin.

Fällt uns das Klettern schwer, denken wir an die Tulkas, die noch an ihrer Beute schwer zu tragen hatten. War es ein Wildrind? Oder gar ein Bär? Nach dem letzten steilen Anstieg stehen wir vor der Höhle mit dem gewölbten Felsendach davor. Alles ist schwarz. Noch vom Herdfeuer der Tulkas? Der große Vorplatz, auf dem sich einst das Leben der Sippe abspielte, ist zum großen Teil abgestürzt, schreibt Weinland. Aber wilde Stachelbeeren wachsen hier. Solche Früchte, essbare Wurzeln, Pilze und Haselnüsse haben die Steinzeitmenschen für den Winter gesammelt und in der Höhle aufbewahrt.

Vor der Tulkahöhle

Am Eingang der neunzig Meter langen Höhle liegen große Felsbrocken, doch rechts kann man hineinschlüpfen. Hinter dem großen Steinbogen ist eine höhere Stufe abwärts zu überwinden. Danach wird der Weg besser und die Höhle höher. Allerdings, schreibt Weinland, sei sie früher trocken gewesen. Wo mögen die Tulkas auf ihren Fellen geschlafen haben?

Weinland erzählt auch, dass die Tulkas für Notzeiten einen Wasservorrat in der Höhle hatten. Ob wir die Wasserstube finden? Wenn wir bei der großen Halle angekommen sind, wo es tief hinuntergeht (den Abstieg kann man sich sparen, denn unten ist alles voller Lehm!), dann sollten wir einmal ganz still sein. In großen Abständen hört man klingend einen Tropfen fallen. Links öffnet sich ein Spalt, dahinter kommt wieder ein Spalt, und wenn wir hineinleuchten, sehen wir ein Becken mit klarem Wasser, auf dem der fallende Tropfen seine Kringel hinterlässt. Das ist die Brunnenstube!

Staffahöhle (Steffesloch)

Wer nun die Tulkahöhle gesehen hat, fragt nach der Staffahöhle (Steffesloch). Dort kam es nämlich zum Kampf zwischen der alten Parre und den Feinden. Die kluge Stamm-Mutter hatte beizeiten gewarnt, dass von den eingewanderten „Kalats" nichts Gutes zu erwarten sei. Und richtig: Die „Aimats", zu denen auch die Tulkaleute gehörten, wollten sich nicht unterwerfen. Also trachteten ihnen die Kalats nach dem Leben. Da passierte Mord und Totschlag! Die alte Parre wollte wenigstens, dass Rulaman überlebte. Sie ließ ihn schwer verwundet in die unzugängliche Staffahöhle direkt an der steilen Felswand bringen. Sie selbst kam mit einem Steigbaum hinauf.

Nachdem alle Tulkas in der großen Höhle ausgeräuchert und getötet worden waren, fanden die Kalats auch dieses Versteck und setzten eine Leiter an. Die alte Parre wartete ab, bis alle auf den Sprossen standen, dann gab sie der Leiter einen Schubs und die Feinde fielen rückwärts in den Abgrund.

Wenn wir aber heute zur Staffahöhle wollten, müssten wir an der Schutzhütte unterhalb der Burgruine Hohenwittlingen von der Tulkahöhle kommend nach links auf den Abstieg *„Georgenau, Grüner Weg, Nr. 67"*. Dort finden wir in der fünften Kehre, wo ein Pfad zur Staffahöhle rechts abzweigt, aber ein kleines Schild: „Liebe Naturfreunde! Felsen und Geröllhalden der Schwäbischen Alb sind Lebensraum zahlreicher vom Aussterben bedrohter Pflanzen und Tiere. Um deren Bestand zu erhalten, verbietet die Naturdenkmalordnung, diesen Bereich zu betreten. Helfen Sie mit, dauerhafte Schäden zu vermeiden und unsere Natur zu erhalten." Enttäuscht?

Auf jeden Fall wird die **Burgruine Hohenwittlingen** zum Erlebnis. Zu ihr steigt man von der Tulkahöhle in 15 Minuten hinauf. Bei der Schutzhütte sieht man über sich schon den Turm. Der Weg führt zunächst an den Mauern entlang, eine Linkskurve bringt uns dann zum Eingang und schließlich in die inneren Bereiche der Ruine. Die umfangreiche Ruine war einmal eine der Hauptburgen der Grafen von Württemberg. Noch im Dreißigjährigen Krieg war sie besetzt, obwohl sie schon einmal abgebrannt war. Danach verfiel sie immer mehr und diente zuletzt nur noch als Gefängnis für Wilderer und andere „Bösewichter".

Zur Schutzhütte müssen wir wieder zurück und nun rechts dem breiten Weg folgen. Er zieht an den beiden Abstiegen „*Georgenau*" und „*Seeburg, Ruine Baldeck*" vorüber und geradewegs zum Parkplatz zurück – vorbei am einstigen Anwesen vom Rulaman-Verfasser David Friedrich Weinland.

Blick von der Ruine Hohenwittlingen

Wie kommt man nach Wittlingen?

Hinter Bad Urach in Richtung Münsingen (B 465) geht es vor dem Burgfelsen Hohenwittlingen links ab nach Wittlingen (Teilgemeinde Urach). Man fährt an der Kirche vorbei und weiter dem Wegweiser „Hohenwittlingen" nach. Über das schmale Teersträßchen (Hohenwittlinger Straße) fährt man bis zum Parkplatz am Beginn der Wittlinger Schlucht.

Achtung: Auch die Tulkahöhle wird neuerdings vom 15. November bis 15. April wegen der überwinternden Fledermäuse mit einem Gitter verschlossen. Taschenlampen mitnehmen!

Burgruine Hohenwittlingen
frei zugänglich

Auskünfte: Telefon: 0 71 25/94 32-0

Buchtipp:
Der Jugendroman „Rulaman" von David Friedrich Weinland ist bei der Deutschen Verlagsanstalt und als Volksausgabe beim Verlag Knödler, Reutlingen, erschienen.

Das gibt's nur einmal:
die Laichinger Tiefenhöhle

Manche haben am nächsten Tag einen Muskelkater, weil sie das Treppensteigen nicht gewohnt sind. Denn in den engen Schächten der senkrecht in den Berg hinunterführenden **Laichinger Tiefenhöhle** müssen die Leitern und Stiegen ziemlich steil stehen. Etwa 55 Meter geht es hinunter und ebenso viele Meter wieder hinauf in der einzigen ausgebauten Schachthöhle der Bundesrepublik Deutschland. Die Entstehung von Höhlen und Schächten im Karst lassen sich hier „vor Ort" studieren, ebenso der Aufbau der Schwäbischen Alb.

Steile Treppen führen in die Welt der Laichinger Tiefenhöhle

Vor mehr als hundert Jahren hat aber noch kein Mensch geahnt, dass sich hier eine so riesige Schachthöhle im Berg versteckt. Sie wurde nur durch einen Zufall gefunden. Ein armer Familienvater musste sich und seine acht Kinder mit dem Verkauf von Bau- und Fegesand ernähren. Der lag aber auf der Alb nicht einfach herum, sondern er musste ihn in Sandgruben zusammenkratzen. Als der Sandgräber Joh. Georg Mack einmal einen sehr großen Haufen Sand beisammen hatte, konnte er ihn nicht ganz auf seinem Handwagen unterbringen. Als er den Rest am nächsten Morgen holen wollte, war er nicht mehr da. Um den gemeinen Dieb zu fassen, häufte er wieder Sand auf und legte sich nachts auf die Lauer. Niemand kam, aber der Sand war trotzdem weg. Da musste also ein Loch sein! So wurde die Höhle 1892 entdeckt und in langer, mühseliger Arbeit ausgebaut. Sie wird bis heute ständig vom Höhlen- und Heimatverein Laichingen unterhalten.

Vielleicht sind manche zuerst enttäuscht, wenn sie ankommen. Was soll das sein – eine Höhle? Da steht doch bloß ein Haus auf der grünen Wiese und davor sitzen Leute und trinken Bier! Der Eindruck hinterher ist um so verblüffender. Drinnen liegt rechts die Wirtschaft, links das Höhlenmuseum und in der Mitte die Kasse. Und wo, bitte, geht's zur Höhle? Gleich hinter dem neuen Eingang wird's gruselig. Rechts und links muss man sich am Geländer der steilen Abgänge festhalten. Schauerlich sind die Seitenblicke in abgrundtiefe Klüfte.

Verschnaufpausen gibt es in den Hallen. Gletschermühlen, Strudeltöpfe, Schwammkalke und auch schöne Tropfsteinbildungen sind zu sehen. Hinter dem engen „Blumenkohlgang", der ganz mit Perlsinter ausgefüllt ist, führt eine Brücke durch den senkrechten 100-Meter-Schacht. Da kann man weit hinunter- und hinaufschauen. Es geht in der Höhle auch mal wieder hoch und wieder abwärts – eine richtige Kletterpartie. Nach einer knappen Stunde kommt man wieder ans Tageslicht. Gut, dass am Eingang die komischen Gamaschen angeboten werden, sonst wären auch Schuhe, Strümpfe und Hosenbeine dreckig. Alles war drinnen feucht und schmierig – und so schaurig schön! Schaut man sich jetzt erst das Höhlenmuseum an? Der Eintritt kostet nichts mehr extra und es lohnt sich wirklich. Viel wird geboten: Fledermäuse und anderes Getier bis zu den kleinsten Insekten, die in Höhlen leben; Knochenfunde, seltene Tropfsteinbildungen, die Mineralien der Alb. Wer noch nicht wusste, wie Höhlen entstehen, kann es hier erfahren.

Schulklassen nutzen das pädagogische Angebot des Höhlenmuseums

Für kleinere oder ängstliche Kinder ist diese Höhlenbefahrung nichts. Sie finden ihr Vergnügen auf dem großen Spielplatz neben dem Rasthaus. Im Schatten alter Weidebuchen oder in der Sonne kann man lagern, Ball spielen, viele Spielgeräte ausprobieren und an den Feuerstellen grillen. Alpensicht soll es auch geben. Wetten, dass die Zugspitze (nicht) zu sehen ist?!

Wie kommt man zur Laichinger Tiefenhöhle?
Von der A 8 fährt man die Ausfahrt Merklingen (Nr. 61) hinaus. Im Laichinger Ortszentrum ist die Zufahrt zur Tiefenhöhle (Richtung Sontheim, Blaubeuren) angezeigt. Zur Höhle (Parkplatz) muss man am Ortsende halb links abbiegen.

Geöffnet:	Ostern bis Ende Oktober
	täglich 9.00 – 18.00 Uhr
	letzter Einlass 17.30 Uhr
	An Sonntagen, wenn viel Betrieb ist, werden die Besucher in Gruppen durch die Höhle geführt.
Auskünfte:	Telefon: 0 73 33/55 86

Besonderer Tipp:

Dicht bei Laichingen liegt die Sontheimer Höhle. Sie anschließend zu besuchen, wäre ein richtiges Kontrastprogramm. Denn die Sontheimer Höhle zieht sich fast eben in den Berg hinein, nachdem man zur riesigen Eingangshalle abgestiegen ist. Bei einer Biegung wird nach 70 Metern die „Temperaturschleuse" durchquert. Dahinter spürt man nichts mehr von der warmen Außenluft. In Höhlen ist es gewöhnlich nur 8 – 9 °C warm. Die 223 Meter lange Sontheimer Höhle hat eine riesige Schlusshalle mit schönen Tropfsteinen.

Wie kommt man zur Sontheimer Höhle?

Von Sontheim aus (Richtung Blaubeuren) ist der Fahrweg zum Parkplatz beschildert. Bei der Höhle (150 Meter) liegt ein Spiel- und Grillplatz.

Geöffnet:	etwa 1. Mai (wenn die Fledermäuse ihren Winterschlaf beendet haben) bis zum Frost (etwa Ende Oktober)
	samstags 14.00 – 18.00 Uhr
	sonn- und feiertags 9.00 – 18.00 Uhr
	Das Rasthaus ist samstags und sonntags bewirtschaftet:
	samstags 14.00 – 24.00 Uhr
	sonn- und feiertags 9.00 – 20.00 Uhr
Führungen:	In den Ferien und an halbwegs schönen Tagen werden auch wochentags Gruppenführungen nach Voranmeldung durchgeführt (H. Gassmann, Telefon: 0 73 89/3 53).
Auskünfte:	Anfragen und Gruppenanmeldungen:
	Telefon: 0 73 89/6 96 (Pflügner)
	Telefon: 0 73 89/3 53 (Gassmann)

20 Den Blautopf kennt jeder

Aber wer kennt die Eiszeitjäger in Blaubeuren?

Glück gehabt: So blau ist er nicht immer!

Der **Blautopf** ist wirklich ein Naturwunder – aber noch lange nicht alles, was Blaubeuren bietet! Bei der Anfahrt kann man Wetten abschließen, ob er wirklich blau sein wird, schon deshalb, damit es keine Enttäuschung gibt. Vielleicht ist der Himmel grau und trübe? Doch das macht nichts. Denn nicht das Himmelblau spiegelt die herrliche Farbe wider. Es ist die Lichtbrechung im klaren Wasser. Eine Enttäuschung gäbe es nur dann, wenn es viel geregnet hat und diese stark strömende Karstquelle durch Schwemmstoffe getrübt sein sollte.

Daten und Infos für Neugierige gibt es rund um die Quelle

Wie schön, wenn der Blautopf wirklich blau ist. Aber mit dem Staunen sind Kinder bald fertig. Und was dann? Spaß macht ein Gang durch die alte **Hammerschmiede** (Eintritt). Da drinnen stehen fast echte Menschen und täuschen Arbeit vor. Das Mühlrad draußen lässt die klopfenden Hämmer auf und nieder sausen und zeigt, wie Energie aus Wasserkraft gewonnen wird.

Danach geht's erst einmal ins **Kloster**. Unter dem alten Tor ist eine Gedenkminute für den schwäbischen Dichter und Rebellen Schubart fällig. Als dieser im Jahr 1777 durch das Tor ging, ahnte er nicht, dass er in eine Falle gelockt wurde. Polizeispitzel des Herzogs Karl Eugen hatten ihn aus der Freien Reichsstadt Ulm nach Blaubeuren auf württembergischen Boden zu einer geheimen Besprechung eingeladen. Da konnten sie ihn festnehmen und auf den Hohenasperg bringen.

Ob die Kinder den berühmten **Blaubeurer Hochaltar** sehen möchten (Eintritt)? Immerhin gibt es ein verkleinertes Modell, das bewegt und aufgeklappt werden darf und die einzelnen Bilder genau erklärt. Vielleicht erfreut sie das **Heimatmuseum im Badhaus der Mönche** noch mehr, zumal sie dort lesen können, dass Waschen und Baden früher als höchst schädlich und unschicklich galt. Nur zweimal im Jahr wurde den Mönchen ein Bad gestattet.

Ein Bummel durch die Altstadt führt dann zum **Urgeschichtlichen Museum** in der „Karlstraße 21", das ist die Hauptstraße zum Bahnhof. Gleich hinter der Kirche, im letzten Flügel des Spitals, winkt ein Mammut als Aushängeschild. Von außen sieht das Museum bescheiden aus. Innen kriegt man schnell mit, dass sich allein deshalb der Ausflug nach Blaubeuren lohnt. Die Leute vom Urgeschichtlichen Institut der Universität Tübingen haben bei Grabungen in den Höhlen rund um Blaubeuren viel gefunden und dieses Museum, zusammen mit der Stadt Blaubeuren, eingerichtet. Einige „Steinzeitmenschen" stehen lebensgroß da mit der Kleidung von damals, mit ihren Geräten und Werkzeugen, die sie sich selber angefertigt haben. In Schaukästen sieht man ganze Sippen vor ihren Höhlen. Filme gibt es auch. Wir erfahren, wo und wie die Eiszeitjäger lebten, welchen Tieren sie nachjagten und wie sie es anstellten, mit so großer Beute wie Mammut und Bär fertig zu werden. Auch Kunstwerke haben sie hinterlassen: Figuren, Zeichnungen, Schnitzereien. So einfältig, wie die Urmenschen auf uns wirken, waren sie gar nicht.

Das Schönste für den Nachwuchs ab sieben: die Kindersonntage. Sie finden im Sommerhalbjahr etwa vier Mal statt. Dazu muss man sich im Museum sehr früh anmelden und auch einen Unkostenbeitrag zahlen. Zu „Aktionstagen" dürfen nach Anmeldung ganze Schulklassen oder eine Kindergeburtstagsrunde anrücken. Unter sachkundiger Anleitung dürfen in den „praktischen Steinzeitkursen" Kinder und auch Erwachsene mit Steinwerkzeug arbeiten, Riemen schneiden, Sehnen zu Nähgarn drehen, mit der Knochennadel Felle zusammenheften, durch Reibung ein Feuer in Gang bringen und steinzeitlich mit Wildgemüsen kochen. Sie flechten und weben, stellen Ketten aus Muscheln und Schnecken her, versuchen sich in Höhlenmalerei, fertigen einfachste Klanginstrumente an, mit denen sich die „Eiszeitband" hören lässt. Das ist aber längst nicht alles, was sie spielend über das Leben der ersten Menschen lernen. Wenn sie aus dem Museum wieder herauskommen, gibt es kein Halten mehr: Wo ist die nächste Steinzeitjägerhöhle? – Das folgende Kapitel empfiehlt: Nichts wie hin!

Wie kommt man nach Blaubeuren?
Die B 28 führt über die Alb nach Blaubeuren. Von der A 8 kann man in Merklingen (Nr. 61) herausfahren. Parkplätze in Blaubeuren („Stadtmitte") sind angezeigt.

Urgeschichtliches Museum

Geöffnet:		
	täglich	10.00 – 17.00 Uhr
	montags geschlossen	
	November bis Ende März	
	sonntags	10.00 – 17.00 Uhr

Für Gruppen ist auf Voranmeldung auch werktags geöffnet. Die Brillenhöhle ist nur in Begleitung eines Museumspädagogen (nach vorheriger Anmeldung) zu besichtigen. Nach schlechten Erfahrungen ist sie verschlossen.

Jeweils am 1. Mai ist Erlebniswandertag.
Möchte mal jemand in einer Höhle schlafen?
Erwachsene. Bitte rechtzeitig anmelden!

Auskünfte:	Karlstraße 21
	89143 Blaubeuren
	Telefon: 0 73 44/92 10 30
	e-Mail: urmu-blb@web.de
	Internet: www.blaubeuren.de

Tipp:

Im September wird am Geißenklösterle oder auch am Hohlen Felsen (beides siehe Kapitel 21) ein Tag der offenen Höhle – „Steinzeit zum Anfassen" – abgehalten. Wissenschaftler erklären die Ausgrabungen und ihre Ergebnisse. Unten auf der Wiese dürfen die Kinder wetteifern im Stockbrotbacken, Knochenwerfen, Speerwerfen – und ein bisschen Ausgräber spielen und dabei etwas finden darf man auch. Das Jahresprogramm des Museums (anfordern!) bietet tolle Angebote für Kinder, Familien, Schulklassen.

Heimatmuseum im Badhaus der Mönche

Geöffnet:	1. April bis 31. Oktober	
	dienstags bis freitags	10.00 – 16.00 Uhr
	samstags, sonn- und	
	feiertags	10.00 – 17.00 Uhr
	montags geschlossen	
Auskünfte:	Im Klosterhof 17	
	89143 Blaubeuren	
	Telefon: 0 73 44/92 10 26	

Tipps:

Im Museum kann man auch einen kleinen „Führer" des Höhlenrundwegs zur Brillenhöhle, zum Geißenklösterle und zur „Großen Grotte" unterhalb des Rusenschlosses mitnehmen sowie das Heft: „Höhlentouren im Alb-Donau-Kreis", in welchem 27 Höhlen für Neugierige vorgestellt werden.

Für das Urgeschichtliche Museum, das Heimtmuseum im Badhaus der Mönche und die Hammerschmiede gibt es eine Verbundkarte, welche man in allen drei Museen erhält. Sie kostet für Erwachsene EUR 4,00, für Kinder EUR 2,50 und für Familien EUR 11,00.

Kunst und was man damit machen kann

Wohnhöhlen im „Felsenlabyrinth"

Vom Urgeschichtlichen Museum in Blaubeuren aus lässt sich die Brillenhöhle schnell auch zu Fuß erreichen. Sie ist allerdings durch ein Gitter verschlossen und den Schlüssel gibt das Museum nicht mehr den Wanderern mit. Da muss schon ein Führer des Museums dabei sein (siehe Info-Teil). Aber durchs Gitter sieht man auch viel.

Wer den Fußmarsch nicht scheut, geht noch ein Stück die „Bahnhofstraße" abwärts und biegt rechts in die „Schillerstraße" ein. In der nächsten Querstraße ein kurzes Stück nach links, bis es auf der rechten Seite den „Reichlensbergweg" hinaufgeht. Am Ende der Steigung angekommen, behält man die Richtung bei und folgt bald darauf dem *Mammutzeichen* nach rechts, den „Matthäus-Hipp-Weg" hinauf. Das *Mammutzeichen* ist der Wegweiser für einen Höhlenrundwanderweg, der zunächst zur Brillenhöhle führt.

Am Waldrand geht es leicht links abwärts und sofort wieder rechts auf den *Hauptwanderweg 2* des Schwäbischen Albvereins am Hang entlang. Wenn sich der Weg teilt, bleibt man oben. Ist der breitere Weg zur Günzelburg erreicht, steigt man weiter an zum „Felsenlabyrinth". So heißt diese Gruppe von gewaltigen Massenkalkfelsen, die durch Schwammkolonien aufgebaut wurden. Sie sind mit Nischen und Höhlen durchsetzt.

Beim zweiten Klotz führen einige Stufen in die Höhe. Hier geht es im Zickzack steil hinauf zur **Brillenhöhle**. Warum sie so heißt? Sie hat in der Decke zwei Löcher. Ob das Dach auch schon vor 20 000 Jahren kaputt war? Eigentlich praktisch für einen Unterschlupf der Eiszeitjäger. Es regnete zwar herein, aber der Rauch konnte abziehen. Die Menschen damals hatten sich in einer Ecke noch eine Steinhütte extra gebaut, um es wärmer und trockener zu haben. Eine Mauer davon wurde bei den Ausgrabungen gefunden. Sämtliche prähistorischen Funde sind aus der Brillenhöhle längst geborgen. Da ist für uns nichts übrig geblieben. Die Feuerstelle in der Höhle lässt aber darauf schließen, dass auch Neuzeitmenschen in der Höhle hausen. Tatsächlich wird im Rahmen des Museumsprogrammes auch mal in der Brillenhöhle geschmaust und sogar geschlafen...

Wer die **„Küssende Sau"** sehen will, geht wieder hinunter zum Wanderweg und noch ein kurzes Stück aufwärts bis zu einer Naturfelsenbrücke. In der Mitte sieht sie wirklich so aus, als ob ein Wildschwein einen Bären küsst! Von hier geht der Rundwanderweg weiter zur *Ruine Günzelburg*. Wer aber noch mehr Wohnhöhlen sehen will, sollte umdrehen und zum Parkplatz zurückkehren. Die bequemere Variante: mit dem Auto am Bahnhof rechts herum Richtung Ehingen fahren. Nach einem knappen Kilometer, beim Schild „Forellenfischer", liegt rechts so etwas wie ein Parkplatz („Parken auf eigene Gefahr"). Man geht etwa 50 Meter weiter in Fahrtrichtung. Da führen rechts ein paar Stufen auf den Weg (*Günzelburg*) zur Brillenhöhle.

Fröhliche Truppe an der Brillenhöhle

Ist die Brillenhöhle „abgehakt", geht es mit dem Auto weiter in Richtung Ehingen. Doch schon am Ende des nahen Ortsteils Weiler biegt man bei der Kreuzung links ab (Sackgasse) zur Fa. Prinzing-Betonformen. Dahinter muss man links über die Brücke (*Mammutzeichen*!) und parkt beim Kriegerdenkmal. Zu den Felsen des Geißenklösterle gibt es von hier aus einen Serpentinenpfad, der anfangs schwer erkennbar ist. Beim Schild „Naturdenkmal" und den Hinweistafeln des Naturschutzes zieht sich ein schmaler Weg an einem Gedenkstein vorbei den Hang hinauf. Oben auf dem besseren Weg geht es weiter rechts hinauf. Man sieht schon das Höhlentor, geht bei dem im Weg liegenden Stein noch weiter und erreicht einen leichter begehbaren Steig nach oben. Sonst müsste man klettern wie eine Gämse.

Auch ohne seine Bedeutung für die Wissenschaft ist das **Geißenklösterle** eine Sehenswürdigkeit. Ursprünglich muss es eine große, stark ansteigende Halle im Fels gewesen sein, deren Dach eingestürzt ist. Übrig geblieben sind die Wände und ein merkwürdiges Felsentor. Ein Baum wächst von drinnen krumm und schief aus diesem Höhleneingang heraus.

Ganz oben sind einige offene Höhlungen und die mit Gittern verschlossene Nische, in der die Tübinger Wissenschaftler immer wieder beim Ausgraben sind. Da darf man ehrfürchtig hineinspähen und staunen, wie sorgfältig sie vorgehen. Alles ist eingeteilt in Planquadrate. Mit kleinsten Instrumenten untersuchen sie millimeterweise den Boden. Keiner von uns hätte so viel Geduld.

Klar, dass sich die Steinzeitjäger den höchsten Platz in der Höhle als Wohnküche ausgesucht hatten. Oben ist es immer am wärmsten. Da saßen sie also beim Feuer, bastelten an Waffen und Werkzeugen aus Stein und Knochen, schnitzten vielleicht an einer Figur oder einem Amulett, nagten zwischendurch an einem Rentierripple und ließen alle Abfälle liegen. Gerade das Geißenklösterle hat schon viele altsteinzeitliche Fundstücke und Tierknochen freigegeben.

Das Felsentor am Geißenklösterle

Ganz nah liegt die nächste Wohnhöhle im Sirgenstein. Da fährt man wieder ein Stück weiter durchs Achtal in Richtung Ehingen. Nicht der erste, sondern der zweite Parkplatz nach knapp zwei Kilometern ist unser Haltepunkt. Vorne bei den Hütten führt der nicht bezeichnete Steig aufwärts, erst zum **Sirgensteinkeller**, einer kleinen Höhle. Weiter oben kommt's noch besser! Ein großes, überdachtes Tor – und dahinter öffnet sich eine 42 Meter lange Höhle. Bloß in der Mitte müssen lange Leute mal den Kopf einziehen. Eine Taschenlampe wäre nützlich, obwohl auch diese Höhle zwei Fenster hat. Sie war eine der wichtigsten Fundstätten für die Steinzeitforschung. Auch hier ist für uns kein noch so winziges Knöchelchen vom Höhlenbären oder Splitterchen von der Steinaxt übrig geblieben. Der Fantasie sind allerdings keine Grenzen gesetzt, wie unsere Vorfahren in dieser großen Höhle wohl gehaust haben. Eine Zeichnung neben der Höhle ist ganz lustig.

Wer vor der Höhle auf der Bank sitzt, sieht rechts eine Steinplatte. Das soll die Eingangstür gewesen sein. Weil aber auch zehn starke Männer den Stein nicht bewegen können, muss natürlich ein Riese im Sirgenstein gewohnt haben. Das berichtet um 1488 der erste Beschreiber der Sirgensteinhöhle. An den Außenwänden über der Bank sieht man am glatten Schliff, dass hier einmal Wasser herausfloss – direkt in die Donau! Ja, wir sind im Tal der Ur-Donau, die sich später einen anderen Weg gesucht hat.

Einen Kilometer entfernt auf der anderen Seite des Achtals liegt der **Hohle Felsen**. Seine Halle hat so riesige Ausmaße, dass ein ganzes Volk darin Platz gefunden haben könnte. Dass auch sie bewohnt war, bestätigen die Grabungsfunde. Wer mit Spannung den „Rulaman" von David Friedrich Weinland gelesen hat, jener schon über hundert Jahre alten „Erzählung aus der Zeit des Höhlenmenschen und Höhlenbären", weiß über den Hohlen Felsen Bescheid. Hier machte die Tulka-Sippe auf ihrer Sommerreise zum Federsee bei den Verwandten Station. Heute haben die Wissenschaftler aus Tübingen eine neue Grabungsstelle in der Höhle abgegrenzt. Aus der letzten Eiszeit wird viel gefunden: Werkzeuge und Knochen. Alljährlich Ende August/Anfang September findet das „Hohle-Felsen-Fest" statt, an dem die Höhle beleuchtet und für jedermann geöffnet ist.

Wie kommt man zu den Wohnhöhlen im Achtal?

Über die B 28 oder A 8, Ausfahrt Merklingen (Nr. 61), nach Blaubeuren. Von Blaubeuren fährt man in Richtung Ehingen (B 492) zu den im Text beschriebenen Parkplätzen.

Wie kommt man zum Hohlen Felsen?

Beim Gewerbegebiet von Schelklingen zweigt gegenüber ein Fahrweg zum Parkplatz „Hohler Felsen" ab.

Geöffnet:	Alljährlich Ende August/Anfang September findet das „Hohle-Felsen-Fest" statt, an dem die Höhle beleuchtet und für jedermann geöffnet ist. Den Termin erfährt man bei den Höhlenführern (Telefonnummern s. u.)
Auskünfte:	Telefon: 0 73 94/16 40, /5 95 (Erwin Haggenmüller) oder /21 30 Internet: www.schelklingen.de
	Die Höhlenführer nehmen auch Anmeldungen größerer Gruppen entgegen, die zu anderen Zeiten die Höhle besichtigen möchten. Diese macht bei romantischer Beleuchtung einen großartigen Eindruck! Stark ansteigende Wege führen bis unter die Decke.

22 Im Kanu die Lauter abwärts

Oder lieber aufs Rad umsteigen?

Der Bootsverleiher im Lautertal bietet auch Fahrräder für die Lautertalfahrt an, denn bei dem allzu lebhaft gewordenen Verkehr auf der schmalen **Lauter** waren Beschränkungen notwendig. Außerdem ist die Fahrt für Ängstliche und Unsportliche gar nicht so lustig und leicht, wie es aussieht, besonders bei hohem Wasserstand nicht. Es gibt „Stromschnellen", da müssen sie stur geradeaus hindurch; es gibt Stufen, die Neulinge erschrecken; Brücken, unter denen sie den Kopf einziehen müssen, und andere, deren Mittelpfeiler sie möglichst stehen lassen sollten. Büsche und Bäume hängen an verschiedenen Stellen ins Wasser, denen man ausweichen muss. Kentern ist möglich – und das Wasser „saukalt". Schwimmen sollte jeder Bootsfahrer können!

Ein toller Spaß für Sommertage

Wer den eigenen Gummidampfer mitbringt und im Umgang mit diesem fahrbaren Untersatz geübt ist, wird weniger Probleme haben, als jemand beim ersten Start im Mietboot. Das Kanu wird von den allzu nahen Ufern magnetisch angezogen und man hat zunächst alle Hände voll zu tun, um sich in der Mitte zu halten. Im „Einer" geht es am leichtesten.

Als harmlos gilt die Strecke zwischen dem Einsatzpunkt Buttenhausen und dem Landeplatz am Rathaus Indelhausen. Zwar macht auf diesen sechs Kilometern die Lauter viele Windungen, die gemeistert werden müssen, aber die Strecke ist auch landschaftlich besonders schön – sofern man dazu kommt, dies wahrzunehmen. Die Fahrt dauert ziemlich lange. Und wenn auch noch die letzten Wirbel vor Indelhausen überstanden sind und man nicht seitwärts mit dem Mühlkanal fortgeschwommen, sondern geradeaus zum Steinbrückle gekommen ist und sich im ruhigen Wasser an Land gezogen hat – ja, dann fühlt man sich als Bezwinger eines reißenden Stroms und kann dem Bootsverleiher, der seine auf dem Trockenen sitzenden Schäfchen pünktlich abholt, versichern: „Es war super!"

Manche sollen auch schon gesagt haben: „Einmal und nicht wieder!" Dennoch war der Andrang zur Kanufahrt so groß, dass zum Schutz der Uferzonen und der bedrohten Tier- und Pflanzenwelt eine Rechtsverordnung den Wassersport auf der Lauter stark einschränken musste. Die zwischen Buttenhausen und Indelhausen „schiffbare" Lauter ist in der Zeit vom 15. März bis 30. Juni völlig gesperrt, sowohl für Wasserfahrzeuge jeglicher Art wie für das „wilde" Baden. Vom Badeverbot ausgenommen sind die ausgeschilderten Badeplätze etwa bei den Weiherwiesen vor Buttenhausen; in Bichishausen gegenüber dem „Hirsch"; unterhalb Gundelfingen am Heiligental; 1 000 Meter unterhalb Anhausen im verkehrsfreien Talabschnitt. Während der Sommermonate Juli, August, September ist an Samstagen und Sonntagen das Baden außerhalb der eingerichteten Plätze und das Bootfahren verboten! Den Kapitän auf großer Fahrt darf man dann nur noch unter der Woche spielen.

ℹ **Wie kommt man ins Lautertal?**

Zwischen der B 312 (Reutlingen – Zwiefalten) und der B 465 (Bad Urach – Ehingen) liegt das Tal der Großen Lauter. Anfahrt nach Buttenhausen über Bad Urach, Münsingen (B 465).

Bootsverleih mit Rückholservice:

Kanu-Touren im „Wilden Süden" bietet Volker Schmack in Bichishausen an – und das sowohl auf der Lauter wie auf der Donau. Komplette Tagesausflüge (mit „Guide"), sogar Mehrtages-Touren (auch für Schulklassen) können gebucht werden.

In Bichishausen beim Bootsverleih gibt es Parkmöglichkeiten am Wasser, einen Biergarten – und jede Menge Informationen, auch über das Lautertal (Kiosk).

Auskünfte:　　　Telefon: 0 73 83/4 08
　　　　　　　　　e-Mail: info@kanutouren.com
　　　　　　　　　Internet: www.kanutouren.com

Tipps:

Wer aufs Fahrrad umsteigt, kann der Lauter nicht nur abwärts, sondern wieder aufwärts folgen, was den Bootsfahrern naturgemäß schwerer fallen dürfte. Die Steigung ist gering, größtenteils fährt man auf autofreien Nebenwegen und hat vielleicht mehr Spaß als die von Schnaken geplagten Schiffer (Adresse s. Bootsverleih).

Mit Pferd und Wagen kann man ebenfalls durchs Lautertal und zu anderen schönen Zielen fahren. Der Landwirt Karl Beck in Münsingen-Bichishausen bietet im Sommer Kutsch- und im Winter Schlittenfahrten an (Telefon: 0 73 83/12 40).

Gesellschaftsfahrten bietet auch Joachim Bock, Hayingen-Maxfelden an (Telefon: 0 73 86/4 24).

Zum Bauernhausmuseum in Hohenstein-Ödenwaldstetten

Für Kinder ist das Alte brandneu. So etwas bekommen sie in der Stadt nie zu sehen: ein niedriges Fachwerkhaus aus früheren Jahrhunderten mit dem gesamten Mobiliar und Gerät, Wäsche und Kleidern, womit unsere Vorfahren ausgerüstet waren. Nur Weniges wurde noch bis in die Neuzeit hinein benutzt. Zum Beispiel das alte Rubbelbrett für die Wäsche. Großmütter kennen es noch. Oder den eisernen Kaffeeröster. Auf dem Schwarzmarkt in der Nachkriegszeit gab es die Kaffeebohnen grün.

Im Haus sieht es so aus, als ob darin immer noch Menschen wohnten: rechts die junge Familie – links Großvater und Großmutter im Altenteil. Blumen schmücken den Tisch, an den Fenstern stehen ganz bestimmte Pflanzen, welche die Fliegen abwehren sollten. Die Kaffeekanne wartet im Ofenrohr auf Durstige. Und was für schöne Öfen mit Bildplatten die hatten! Darüber trocknen Hemd und Strümpfe. Eine alte Uhr tickt an der Wand. Urgroßvaters lange Pfeife steht in der Ecke (wie er die wohl gehalten hat?). Die Speisekammer ist mit Eiern, Zwiebeln, Hutzeln und Mehl gefüllt. Auch die Mausefalle steht „auf Empfang".

Ja, es fehlt wirklich nichts im geräumigen **Bauernhausmuseum** in **Ödenwaldstetten**, weil viele Einwohner der Großgemeinde Hohenstein dazu beigetragen haben, es auszustatten. Manches seltene und ausgefallene Stück ist dabei. Aber auch das ganz Gewöhnliche bietet Stoff für ein unterhaltsames Ratespiel: „Was glaubet Se, was man damit mal gmacht hat?" Die Frauen aus Hohenstein, welche Besucher in kleinen Gruppen durchs Haus führen, zeigen jedes Ding und fragen oftmals erst, ob jemand Bescheid weiß. Dann mutmaßen die Besucher vielleicht, man habe mit dem Hobelmesser wohl Käse geschnitten. Falsch, ganz falsch. Zucker! Jawohl, vom Hut herunter. Den Kindern macht es Spaß, wenn auch die Eltern sich mal blamieren.

Und der Stein da auf dem Fensterbrett in der Schlafkammer? Der wurde als Wärmespender erst auf den Herd und dann ins Bett gelegt. Das hat sogar die Bettflasche gespart. Auch eine hübsche Kommode steht da. Vergeblich bleiben die Versuche, die oberste Lade aufzuziehen. Wenn jedoch der Deckel hochgeklappt wird, kommt ein Nachtstuhl zum Vorschein.

Jedes Ding hat eine Geschichte, und die wird im Bauernhausmuseum so lebendig erzählt, dass auch Kinder wie gebannt zuhören. Hier werden sie wie durch Zauberei um 100 Jahre zurückversetzt, was genauso spannend ist, wie die von ihnen so heiß geliebten

Science-Fiction-Filme. Heimatkunde wird hier zum Erlebnis. Eine Sammlung alter Kinderspielzeuge, darunter 200 zum Verlieben schöne Teddybären, wird nicht nur den Nachwuchs begeistern.

Die Bauerngärten beim Haus hat das Botanische Institut der Universität Tübingen nach alten Mustern angelegt. Blumen, Kräuter, Gemüse und viel Nützliches wächst darin, das man heute in der Apotheke kaufen muss. Dahinter wurde ein weiteres Bauernhaus mit Scheuer und Nebengebäuden als Museumserweiterung ausgebaut. Darin sind die Werkstätten eines Webers, Wagners, Schuhmachers und eine Schmiede untergebracht. Ein Dachbrunnen sammelt das Regenwasser. Auf der trockenen Alb war die Wasserversorgung lange ein Problem. In der Remise wird mit landwirschaftlichen Geräten erklärt, wie Korn zu Brot werden kann.

Vor dem Besuch in Ödenwaldstetten lässt sich auf der Alb noch allerlei unternehmen. Das **Haupt- und Landgestüt Marbach** liegt in der Nähe. Besucher dürfen durch die Ställe wandern und die schönen Araber bewundern oder zu den Koppeln spazieren und die Pferde im Freien beobachten.

Parade des Gestüts Marbach

Zwischen Ödenwaldstetten und Eglingen wartet ein Spiel- und Rastplatz auf Familien. Auch die *Ruine Hohenstein* ist sehenswert, ebenso der Ortskern von Hohenstein-Bernloch mit der Hüle und dem alten Schulhaus, das als Gemeindehaus erhalten wurde. Das **Automuseum** liegt jetzt an der Verbindungsstraße zwischen Groß- und Kleinengstingen.

Wie kommt man nach Hohenstein-Ödenwaldstetten?
Auf der B 312 zwischen Reutlingen und Zwiefalten fährt man über (Klein-)Engstingen nach Bernloch und biegt nach Ödenwaldstetten ab. Von Marbach aus führt ein bezeichnetes Waldsträßchen direkt nach Ödenwaldstetten.

Bauernhausmuseum

Geöffnet:	Mai bis Oktober
	mittwochs, samstags
	und sonntags 14.00 – 17.00 Uhr
	Gruppen (ab 15 Erwachsene) können auf Voranmeldung geführt werden.
Auskünfte:	Gemeinde Hohenstein
	Telefon: 0 73 87/98 70-0
	e-Mail: rathaus@gemeinde-hohenstein.de
	Internet: www.gemeinde-hohenstein.de

Haupt- und Landgestüt Marbach

Geöffnet:	täglich 8.00 – 12.00 Uhr
	und 13.00 – 17.00 Uhr
Auskünfte:	Telefon: 0 73 85/96 95-0
	e-Mail: poststelle@hul.bwl.de

Automuseum

Geöffnet:	dienstags bis sonntags 10.00 – 17.00 Uhr
Auskünfte:	Telefon: 0 71 29/73 87
	Internet: www.automuseum-engstingen.de

Wanderziele um Burg Derneck

Wenn die grün-weiße Fahne aufgezogen ist, steht das Tor zur Burg Derneck offen. Die „Tennenstube" ist bewirtschaftet und bietet Wanderern Vesper und Getränke, Kaffee und Kuchen. Für die Kinder ist es allemal ein Erlebnis, die kleine Burganlage zu besuchen, auf das alte Steinhaus zu klettern und Ausschau zu halten. Der Gedanke, hier einmal zu übernachten oder Ferien zu verbringen, wird sie begeistern. Burg Derneck ist Wanderheim des Schwäbischen Albvereins. Der große Spielplatz unterhalb der Burg mit Schaukeln, Wippen, Rundlauf, Seilbahn und Klettergerüsten bietet den Kindern zusätzlich Vergnügen. Feuerstellen und einen Wasserzapfhahn gibt es da auch. Zur Burg führt vom Lautertal, an der Zufahrt nach Münzdorf, gleich rechts ein bezeichneter Fußweg hinauf. Der Parkplatz liegt kurz dahinter.

An der Felssäule des Eingangsbereichs zur Bettelmannshöhle

Oder sollen wir erst die **Bettelmannshöhle** suchen? Die ist nur 300 Meter entfernt. Doch mit dem Auto kann man da schlecht parken. Also gehen wir auf der linken Seite der Fahrstraße in Richtung Indelhausen und halten die Augen offen. Da steht ein großer Felsen, dahinter etwas kleinere – und dann? Ein „Geheimtipp", falls das Hinweisschild mal wieder fehlen sollte, das durch den Wald führt: Wo die Lauter sich wieder der Straße zuwendet, findet man auf der linken Seite die Straßennummer „K6769". Kurz davor geht es wie auf Wildwechseln im Zickzack steil empor, auch wenn zunächst kein Pfad zu erkennen ist. Der Eingang ist ungewöhnlich – mehr breit als hoch und wird von einer Säule gestützt. Ein hochherrschaftliches Portal! Drinnen in der großen Halle gibt es noch mal eine Säule. Fürwahr ein schöner Palast für Bettelmänner! Da die Höhle ansteigt, ist sie vom Typ „Backofen" und demnach warm. Dass lange vor irgendwelchen armen Bettelleuten schon in der Steinzeit Menschen in dieser Höhle Zuflucht gesucht haben, ist durch Funde bewiesen. Als Wohnhalle eignet sie sich wirklich gut. Man braucht sich nirgends zu bücken, muss aber auf den steinigen, unebenen Boden achten.

Nun geht's zurück und wirklich hinauf zur **Burg Derneck**! Und dann? Wer sich zutraut, die knapp fünf Kilometer zum Ringwall von Althayingen und den Gerberhöhlen zu Fuß zu gehen, findet gleich beim Burgtor den mit Überraschungen gespickten *Hauptwanderweg 5* (auch „Burgenweg") des Schwäbischen Albvereins. Er führt steil hinunter zur Straße und jenseits, neben der Brücke, zum sehenswerten **Käpfle** hinauf. Das ist ein weniger bekannter Kreuzberg mit einem Stationenweg. Darunter liegt der kleine Ort Weiler. Hier müssen wir nach links über die Lauterbrücke und dahinter rechts herum, immer an der Lauter entlang bis Indelhausen. Dabei umrunden wir eine schöne Felsengalerie, die der Lauter den Weg versperrt. In Indelhausen geht es nur kurz nach links und über die Steinbrücke zum alten Rathaus („Parkplatz Indelhausen", Übersichtstafel, Landeplatz der Mietbootfahrer). Hinter dem Rathaus liegt am Friedhof wieder ein Parkplatz. Ganz in der Nähe befindet sich auch ein hübscher Spielplatz und ein kleiner Nebenarm der Lauter zum Plantschen. Hierher fahren auch Kurzwanderer mit dem Auto, denen der rund zehn Kilometer lange Weg von und zur Burg Derneck zu weit ist. Sie steuern in Indelhausen beim Hotel-Gasthof zum Hirsch geradeaus zur alten „Hayinger Steige" und zum angezeigten „Wanderparkplatz 100 Meter". Von dort ist die Route zu den „Gerberhöhlen 2 km" mit der *gelben Gabel* gut markiert. Sie führt die geteerte Steige aufwärts. Beim Bildstock zeigt der Wegweiser links über die Wiese. Deutlich steht die Burg Derneck am Horizont, die sich sonst gern versteckt! Vor dem Wald durchquert man den Ringwall zum ersten Mal. Die ganze Bergkuppe, an deren Südhang die Gerberhöhlen liegen, war mit einem doppelten Wall geschützt. Innerhalb dieses Ringes wurden auch Baureste aus dem Mittelalter gefunden, weshalb man annimmt, dass hier einmal Alt-Hayingen gestanden hat.

Später ist der Wall noch viel besser zu sehen! Der markierte Weg zieht im Wald nach rechts und schließlich über den Wall hinüber, bevor es auf steilen Stufen zu den **Gerberhöhlen** abwärts geht. Der Zugang zum **Großen Gerberloch** ist mit Geländern gesichert. Taschenlampen sind notwendig. Die Höhle ist 57 Meter lang, aber nach etwa 45 Metern kommt ein niedriger, trockener Schlupf, der wohl nur Kinder anmacht hindurchzukriechen. Dahinter wird die Höhle wieder höher, ist aber sehr eng! Das Große Gerberloch ist jetzt mit einer Gittertür versehen, im Sommer aber nicht verschlossen. Zum Öffnen braucht man etwas Kraft.

Dicht unter dem Großen Gerberloch liegt das **Kleine Gerberloch**. Es erweist sich als bequemes Nachtquartier mit einigen „Fenstern". Der ganze Felsen ist mit Höhlen und Löchern durchsetzt. Beim Abstieg kommen wir neben einer Geröllhalde auf einem Querweg an und gehen nach links zum Lautertal. Bei der Kläranlage ist es erreicht.

An dieser Ecke müssen wir links aufwärts, dem Wegweiser nach, wieder auf Indelhausen zu. Bei den ersten Häusern steckt ein altes *Schwedenkreuz* aus dem Dreißigjährigen Krieg im Boden. Da muss man nach links an einer Minigolf-Anlage und später an einer Felswand vorbei. Der obere Weg führt an der Lauter direkt zum Parkplatz zurück.

Achtung: Wer vom Spielplatz Anhausen kommt und nur mal zum Gerberloch will, muss an der Kläranlage links einbiegen!

So eng geht's zu im Kleinen Gerberloch

Wie kommt man zur Burg Derneck?

Im Lautertal zwischen den beiden Bundesstraßen 312 und 465 unterhalb von Gundelfingen zweigt die Straße nach Münzdorf ab. Ein Parkplatz liegt gleich rechts an der Straße (Fußweg zum Albvereins-Wanderheim). Wer in Richtung Münzdorf weiterfährt und in den Weg zur Burg Derneck einbiegt, kommt allenfalls bis zum Spielplatz, dann geht es auf dem „Fußweg zum AV-Wanderheim" weiter (fünf Minuten).

Geöffnet:	März bis Oktober am Wochenende, an Feiertagen und in den Schulferien
Auskünfte:	Anmeldung für Übernachtung: Wanderheim des Schwäbischen Albvereins Telefon: 0 73 83/12 97 Burg: Telefon: 0 73 86/2 17

Einkehr:

Hotel-Gasthof zum Hirsch, Wannenweg 2, 72534 Hayingen, Telefon: 0 73 86/97 78 -0

Merkwürdiges in Rechtenstein

Blau ist die Donau wohl nur im Walzertext. Und so schön wie im Oberen Donautal ist sie später in unserem Land auch nicht mehr. Aber es gibt zwischendurch Stellen von eigenartigem Reiz. Vor allem

Gigantisch: der Eingang zur Geisterhöhle

Kinder, die in der Schule die Donau als zweitgrößten Strom Europas kennen lernen, finden es komisch, wenn sie bei Rechtenstein – wo liegt das bloß? – den Strom als lehmgraues Flüsschen unter einer hohen Brücke dahinziehen sehen. Das soll die große Donau sein?

Felsig und steil ist das linke Ufer, an dem der Ort **Rechtenstein** klebt. Auf diesem „Stain" hat 1 000 Jahre lang ein berühmtes Geschlecht gesessen. Von der Burg ist nur noch der Bergfried erhalten und wieder begehbar gemacht worden. Eine verzauberte Welt, zu der man sich den Schlüssel holen muss.

Für die **Geisterhöhle** im steilen Felsen direkt über der Donaubrücke gibt es den Schlüssel im Gasthaus „Zur Brücke". Eine Taschenlampe sollten wir mitnehmen. Denn ohne Licht kommt man in der 53 Meter langen Höhle nicht weit. Sie verzweigt sich in mehrere Gänge. Knochen von Höhlenbären und Rentieren wurden gefunden. Auf Menschenspuren sind die Forscher nicht gestoßen. Ob sie deshalb „Geisterhöhle" heißt? Eine steile Treppe führt zu ihr hinauf, denn in grauer Vorzeit hatte sich die Donau noch nicht so tief eingegraben wie heute.

Zum Turm der Burg kann man über die Kirche hinaufsteigen. Oben kommt man direkt vor das verschlossene Tor, muss rechts am Geländer entlang und links durch ein kleines Steinloch schlüpfen. Irre! Den Schlüssel gibt es bei einer freundlichen Dame im ersten Haus auf der linken Wegseite (bitte die Hinweisschilder „Kein Turmschlüssel" an den anderen Häusern beachten!). Innen im Turm kann man auf einer Tafel lesen, dass 1366 einer vom „Stain" Landvogt von Schwaben war. Damals ging die Redensart um, dass es gefährlich sei, sich mit einem „Stain" anzulegen.

Auch vom Turm herab sieht man die Donau. Doch ganz besonders malerisch ist sie unterhalb der zweitürmigen Kirche von Obermarchtal. Die Kirchen- und Klosterbesichtigung inklusive eines Besuchs des kleinen Klosterladens sollte man auf keinen Fall versäumen. Vor dem Klostereingang findet sich eine detaillierte Wandertafel der Ortsgruppe Rechtenstein-Obermarchtal des Schwäbischen Albvereins. Dorthin fährt man – oder geht die anderthalb Kilometer – vom Gasthaus „Zur Brücke" donauabwärts zum angezeigten Sportplatz. Wenn man denkt, es geht nicht mehr weiter, führt der schmale Fahrweg rechts über die Bahnlinie (*blaues Dreieck* und *Hauptwanderweg 5* des Schwäbischen Albvereins). Da muss man scharf aufpassen, sie ist nur durch ein Lichtsignal gesichert und die Züge kommen ziemlich oft! Unter den steilen Felsen, auf denen einmal die Altenburg thronte und jetzt Obermarchtal steht, fließt die Donau über ein Wehr. Der neue *Donau-Radwanderweg* zieht hier hindurch.

Burg Rechtenstein (rechts die Stufen zur Geisterhöhle)

Bei Rechtenstein mündet der wohl kürzeste Nebenfluss der Donau ein. Ob der Erdkundelehrer das weiß? Nur einen Kilometer lang ist die wasserreiche **Braunsel**. Ihre Quelltöpfe zu entdecken, kommt einer Expedition durch die Urwälder Amazoniens gleich. Will das jemand wagen? In der Ortsmitte von Rechtenstein hängt ein Schild: „Zur Braunsel". Man folgt in der Ortsmitte, wo es rechts zur Kirche hinaufgeht, links dem *Hauptwanderweg 7* des Schwäbischen Albvereins und kommt durch den „Braunselweg" hinunter zur Donau.

Der Weg an der Donau entlang zieht im „Naturschutzgebiet" (Hinweise beachten!) unterhalb des Hochwartfelsens dahin, der wegen seiner Zerklüftung auch „Heidenküche" heißt. Bald wundert man sich, dass in einer Bucht das Wasser im Kreise herumzugehen scheint. Hier mündet die Braunsel in die **Donau** ein! Der Wanderweg (*Rotstrich*, auch *blaues Dreieck*) führt zu einer Brücke über die Braunsel – und dann bergauf, also von der Braunsel und den Quellen weg. Denn der Steilhang, an dessen Fuß sie entspringen, ist undurchdringlicher Urwald.

Aber: Wenn man auf dem markierten Hauptweg weitergeht, ein rechts stehendes Wegkreuz passiert und weiter auf Emeringen zuläuft, stößt man vor dem Ort auf einen nach links rückwärts laufenden Feldweg. Auf diesem kommt man schon bald an eine Schranke für Fahrzeuge und erneut an ein *Naturschutzschild*. Die Schranke ist nicht für Fußgänger gedacht und der Weg führt hinab zu den meist feuchten Wiesen an der Donau. Und nun – entweder barfuß oder mit Gummistiefeln – bleibt man hart links am Waldrand. Mehr als nasse Füße gibt es nicht. Nach 100 Metern hört man's plätschern, sieht aber im Sommer wegen des hohen Bewuchses von Rohr, Gras und Brennnesseln noch nichts. Wenn man das Wasser sieht, kommt man nicht heran. Aber dann sind wir auch schon zu weit gegangen. Bereits dort, wo ein großer Haselbusch am Waldrand steht, muss man sich hinter ihm herumdrücken und steht plötzlich direkt über dem letzten **Gumpen**, dessen klares Wasser in ein breites, flachsandiges Bett fließt. Dicht daneben entspringt eine zweite und ein kleines Stück weiter eine dritte Quelle. Es wären noch mehrere, doch hinter der dritten dürfte die insgesamt sechs Kilometer lange Expedition wegen Undurchdringlichkeit des Dschungels scheitern. Die Braunselquellen aber hat man dann gesehen – und vielleicht auch Tiere am und im Wasser. Wenn es die Vegetation zulässt, lässt sich zurück nach Rechtenstein ein kürzerer Weg finden. Drüben, am Ufer der Donau, verläuft ein Wiesenweg, der durch den Pappelwald zur auf dem Hinweg schon entdeckten, malerischen Brücke über die Braunsel führt. Wer dem Versuch, die Füße von der Brücke baumeln zu lassen, widerstehen kann, biegt gleich rechts ab und ist wieder auf dem zuvor schon begangenen *Hauptwanderweg 7* auf dem Weg nach Rechtenstein.

Wie kommt man nach Rechtenstein?
Rechtenstein liegt an der Straße zwischen Hayingen und Obermarchtal, unweit von Ehingen (B 465 und B 311).

Geisterhöhle

Auskünfte/Einkehr: Den Schlüssel für die Geisterhöhle bekommt man im Gasthaus „Zur Brücke" (montags Ruhetag). Telefon: 0 73 75/2 57

26 Kopf einziehen in der „Blauen Grotte"

Mit dem Boot in die Wimsener Höhle

„Lohnt sich's?" fragen unkundige Ausflügler jene, die gerade aus dem Höhlenschlund wieder ans Tageslicht gekommen sind. Und ob sich's lohnt! Der Höhlenführer versichert, es sei die einzige aktive Flusshöhle in der Bundesrepublik Deutschland, die befahren werden kann. Vor Beginn der Kahnpartie warnt er gleich: „Hände weg vom Bootsrand und den Kopf einziehen!" Ganz klein muss man sich machen. Denn hinter dem Höhleneingang senkt sich die Decke sehr stark. Danach wird die Höhle wieder höher, man kann aufatmen und sich beim Schein der Lampen umsehen. Der Fährmann braucht viel Kraft, um den Kahn an den Felsen gegen die starke Strömung voranzuziehen. Glasklar ist das bis zu vier Meter tiefe Wasser.

Platz nehmen zur Einfahrt in die Wimsener Höhle

Wenn das Boot an jenem beleuchteten Spalt Halt macht, wo es umkehren muss, ist sicher der Witz fällig: „Wer hier weitermöchte, soll bitte aussteigen!" Das haben die Höhlenforscher längst getan, allen voran der wagemutige Taucher Hasenmayer. Er kam im Felsinnern nach schwierigen Tauchgängen auch in tropfsteingeschmückte Gänge und Hallen. Auf 723 Meter Länge ist die Höhle jetzt bekannt. Wir aber müssen nach 70 Metern wieder kehrtmachen. Die Rückfahrt ist besonders reizvoll, weil man dann das Tageslicht einfallen sieht und an die berühmte „Blaue Grotte" von Capri denken darf.

An schönen Sonntagen müssen die Besucher oft warten, bis sie „dran" sind und ins schwankende Boot einsteigen können. An Werktagen gibt es womöglich eine private Sonderfahrt, wie seinerzeit für den Kurfürsten Friedrich von Württemberg, der auch die Höhlen der Alb kennen lernen wollte. Für ihn wurde 1804 die Tafel über dem Höhlenportal angebracht: „Dankbar begrüßt den hohen Besuch die hier waltende Nymphe. Fröhlicher fließet dir nun, Friedrich, die rauschende Ach". Seit seinem Besuch heißt die Quelle der Zwiefalter Ach auch Friedrichshöhle.

Die meisten Ausflügler bleiben in der ehemaligen Wimsener Mühle und jetzigen Wirtschaft „Friedrichshöhle" hocken. Wir aber wollen ja noch mehr unternehmen! Über die Holzbrücke führt der Weg rechts hinunter in die Klamm. Doch bevor sich die Ach über das Wehr stürzt, lassen sich im flachen Wasser Forellen beobachten – und vielleicht noch anderes Getier? Grundeln, die am Boden liegen und sich mit den Flossen abstützen?

In der Klamm wird nach zehn Minuten eine Feuerstelle direkt am Wasser erreicht, für Kinder ein herrlicher Platz zum Rasten, weil sie da am und im Wasser spielen können. Wenn es dann doch weitergeht, kommt man über zwei Stege. Der letzte überbrückt einen mit blau-grünem Wasser gefüllten Kolk. Ein Rastplätzchen wurde genau an jener Stelle eingerichtet, wo einmal der „rote Schorsch" den Frieder erschlagen haben soll. Oder war's umgekehrt? Jedenfalls hängt dieses Schildchen nicht mehr am Baum – macht ja auch nicht gerade Appetit zum Picknick.

Forellen stehen hier ebenfalls im Wasser. Zu Hunderten wimmeln sie in den Forellenteichen kurz dahinter. Vielleicht erhebt sich gerade ein Graureiher in die Lüfte, der sich auch gern eine Forelle angeln würde. Das ist ihm jedoch durch feingespannte Drähte verwehrt.

Spätestens bei den Forellenteichen wird abgestimmt, wer noch bis zum berühmten *Barockkloster Zwiefalten* marschieren möchte. Weit ist es eigentlich nicht mehr: eine Stunde hin und eine Stunde zurück. Es geht fast immer am Wasser entlang und in Zwiefalten wird sicher ein Eis spendiert, nachdem die Kinder genauso andächtig wie die Großen das *Münster* angeschaut haben.

Wie kommt man zur Wimsener Höhle?
Bei Indelhausen im Lautertal (zwischen B 312 und B 465) biegt man in Richtung Hayingen und Zwiefalten ab. Die Zufahrt zur Wimsener Höhle ist drei Kilometer hinter Hayingen angezeigt. Vom Parkplatz muss man nur ein kurzes Stück gehen.

Geöffnet: 1. April bis 31. Oktober
täglich 9.00 – 17.30 Uhr
November bis März auf Anfrage

Auskünfte: Telefon: 0 73 73/28 13

Einkehr:
Gaststätte Friedrichshöhle, Fam. Braun, Telefon: 0 73 73/28 13

Auskünfte: Bürgermeisteramt Zwiefalten
Marktplatz 3
88529 Zwiefalten
Telefon: 0 73 73/2 05-0
e-Mail: info@zwiefalten.de

Zur Hossinger Leiter

Wenn auf der Landkarte eine „Leiter" vermerkt ist, und zwar an einer Steilstufe der Alb im Eyachtal, muss das schon etwas Besonderes sein. Heute noch? Sofern man ihre Geschichte kennt, auf jeden Fall! Der Pfarrer und Geologe Dr. Engel bezeichnet die **Hossinger Leiter** in seinem Alb-Reiseführer von 1900 als berühmt oder vielmehr berüchtigt: „Um nämlich in das wilde Brunnenthal abzusteigen, muß man eine fast senkrechte Felsenwand hinunterklettern, die bald hinter Hossingens Krautgärten nach dem Eintritt in den Wald gähnend in die Tiefe stürzt. Früher war hier eine hölzerne Leiter angebracht, welche das Volk beim Auf- und Abstieg benützte. Da aber öfters tödliche Abstürze hier vorkamen, wurde die Begehung dieses Fußsteigs eine Zeit lang verboten. Neuerdings aber wurden mit Hilfe des Albvereins Stufen in den Fels gehauen und mit eisernem Geländer versehen, so daß man jetzt ohne alle Lebensgefahr diese romantische Partie sich ansehen kann."

Zum Vergnügen ist „das Volk" die Leiter bestimmt nicht rauf- und runtergeklettert, und das Verbot wird auch nichts genützt haben. Denn mit der Eisenbahn war auch die Industrie gegen Ende des 19. Jahrhunderts ins Eyachtal gekommen. Nicht wenige Hossinger fanden im Tal Arbeit, und wenn sie morgens „ins Geschäft" oder „auf den Zug" wollten, der die Pendler von Lautlingen nach Ebingen und Balingen brachte, mussten sie halt die Leiter hinunter. Das ging noch bis in die Mitte des 20. Jahrhunderts hinein. Obwohl es schon eine Busverbindung gab, hatten viele das Fahrgeld dafür nicht übrig.

Aber da war die Hossinger Leiter auch längst nicht mehr so gefährlich, wie sie in den Albvereinsblättern von 1894 skizziert und beschrieben ist: „Der nächste Weg von Hossingen nach dem Eyachtal und Lautlingen führt gegen eine steilabfallende Bergwand. Plötzlich findet der Pfad sein Ende, indem er an einen Felsensteg anlangt. Jetzt gilt es, trittsicher und schwindelfrei zu sein, denn man muß sich nun wohl oder übel einer etwa zwanzig Sprossen zählenden Leiter anvertrauen. Eine kleinere, weiter unten befindliche, ist die Fortsetzung."

Mit dieser Vorstellung im Kopf muss man sich heute dem Absturz nähern, sonst sieht man nichts als eine mäßig hohe Treppe, die seitlich in ein dunkles, unheimliches Tal führt. Bis auf die fehlende Leiter ist alles noch genauso geblieben: Der Weg führt durch die Krautgärten – unterhalb der Kirche links durch die „Dorfstraße", aber kurz nach der Straßengabel rechts ab dem Schild nach „Hossinger Leiter, Gräbelesberg" (*rote Raute*). Hinter den Krautgärten geht's durch eine Wiesenmulde, dann beginnt die zunächst flache Klamm. Zwei Brücken führen hinüber und herüber (Schutzhütte, Grillplatz) –

und dann kommt der Absturz! Genau hier war damals die Leiter senkrecht angelehnt! Das muss man sich genau anschauen. Heute führt die Treppe auf einen mit Geländer gesicherten Pfad, der hart an dem senkrechten Felsen dahinzieht.

Aber wir wollen gar nicht, wie seinerzeit die Pendler, hinunter nach Lautlingen, sondern bleiben oben, nachdem wir die Treppe und ein gutes Stück des einst so gefährlichen Weges kennen gelernt haben. Oben, wo die Klamm beginnt, führt nämlich der Weg (*Nr. 3* und *rote Raute*) zum **Gräbelesberg** weiter, immer am Bergrand aufwärts, zum Teil über Stufen. Später kommen auch Stellen, wo man die Kinder strikt ermahnen muss, auf dem Weg zu bleiben!

Die Hossinger Leiter.

Von F. Link in Ebingen, mit 2 Zeichnungen von demselben.

Schon lange und immer dringender bitten die Hossinger Mitglieder, es möge auch einmal ihrer „Leiter" in den Blättern des Schwäbischen Albvereins gedacht werden. Dieser Wunsch ist auch ganz berechtigt. Ist doch gewiß ein solcher Verbindungsweg wie die Hossinger Leiter, auf den ein ganzes Dorf in seinem Verkehr mit dem Thal zu bedeutender Abkürzung des Weges einzig und allein angewiesen ist, sehr merkwürdig und wohl kaum ein zweitesmal in ähnlicher Weise vorhanden. Das freundliche Filial-Dörfchen Hossingen liegt, eines Besuches wohl wert namentlich wegen seiner aussichtsreichen und geschichtlich merkwürdigen Umgebung, auf der Albhochebene hinter dem Gräbelesberg, teils in eine Höhe hingelehnt, zum größeren Teil jedoch in eine Einsenkung eingebettet. Mit dem Schmiechathal ist es durch die über Meßstetten nach Ebingen führende Straße verbunden. Zwischen Hossingen und Meßstetten befindet sich unweit derselben der zwar unansehnliche aber eine ausgedehnte Aussicht gewährende Weichenwang (987 m hoch). Mit dem Tnachthal ist die Verbindung durch eine Steige nach Lausen und gegen das Beerathal hin durch eine solche nach Oberdigisheim hergestellt. Nördlich von Hossingen, in einer kleinen halben Stunde wohl erreichbar, liegt der mächtige, dichtbewaldete Felskoloß des Gräbelesbergs. „Durch riesige Steinwälle an der allein zugänglichen Südseite geschützt, starrt er, mit seinen drei übrigen Seiten in turmhohen Felswänden abbrechend, als unersteigliche Festung hinaus in das hier am reichsten und kühnsten gegliederte Tnachthal." (Vergl. Beschreibung des Oberamts Balingen, S. 50, 247.) Der nächste Weg nun von Hossingen nach dem Tnachthal hin, nach Lautlingen, führt gerade gegen eine steil abfallende Bergwand. Diese faßt, oben meist mit Felsen gekrönt, das stille und einsame, tief eingeschnittene Waldthal des Lauterbachs auf der Südseite ein. Im Westen erhebt sich mächtig anstrebend der Gräbelesberg. Plötzlich findet der Pfad sein Ende, indem er an einem Felsabsturz anlangt. Jetzt gilt es trittfest und schwindelfrei zu sein, denn man muß sich nun wohl oben übel einer etwa 20 Sprossen zählenden Leiter anvertrauen. Eine kleinere, weiter unten befindliche bildet gewissermaßen ihre Fortsetzung. Der Blick in die rechts aufgähnende Tiefe ist nicht besonders ermutigend, und schon mehr als ein wohlbeleibter Wanderer machte angesichts der schwankenden und etwas schwächlich aussehenden Leiter respektvoll Kehrt. So ganz ungefährlich ist die Sache auch nicht. Leider find die Fälle nicht gar so selten, daß Unvorsichtige, die bei Nacht und Nebel die Leiter zum Aufstieg benützen wollten, ihre Waghalsigkeit mit einem Sturz in die Tiefe büßen mußten. Der nun rasch in Zickzacklinien der Thalsohle zueilende Weg führt an einem Tuffsteinbruch vorüber in einer halben Stunde nach Lautlingen. Wegen seiner reichen Flora sei auch der Botaniker auf dieses schöne Thälchen aufmerksam gemacht. Er findet hier unter anderem Tofieldia calyculata, Herminium monorchis, Listera ovata, Pinguicula vulgaris, Arnica montana u. a.

Obere Leiter.

Untere Leiter.

Hossingen will in nächster Zeit auf Anregung des Kgl. Oberamts statt der einfachen Holzleiter eine eiserne mit einem Geländer herstellen lassen. Es hofft dabei [Aha! D. L.] auf thatkräftige Unterstützung des Albvereins. Möge es in dieser Erwartung nicht getäuscht werden!

Mögen aber auch zugleich die angrenzenden Gemeinden zur Verbesserung des Wegs zu der Leiter das Ihrige beitragen, damit endlich jedem Wanderer, der dieses Thälchen (Balinger Eigentum) und die Leiter aufsuchen wird, ein gefahrloser Weg durch diese romantische Gegend zur Verfügung steht.

Neuerdings ist übrigens, wie wir nachträglich vernehmen, in soweit geholfen, daß die alte Leiter durch eine neue, starke ersetzt worden ist.

[Um so mehr danken wir dem freundlichen Zeichner. D. L.]

Aus den Albvereinsblättern von 1894

Wenn man den *Heimberg* hinter sich gelassen hat, steigt man bald nach der Senke zu einer vorgeschichtlichen Befestigungsanlage empor. Deshalb hat ja der 915 Meter hohe Gräbelesberg auch seinen Namen, weil auf der Landseite Gräben und vier bis fünf Meter hohe Wälle aufgeworfen sind. Hatten sich die Kelten hier verschanzt? Pfarrer Engel schreibt von einer der „gewaltigsten germanischen Volksburgen". Tatsächlich sieht der Gräbelesberg mit seinen steil abfallenden Wänden vom Tal her wie eine Bastei aus. Wahrscheinlich ist, dass auch die Alemannen später diese Bergfestung übernommen haben. In Hossingen – so Pfarrer Engel – ging lange das Gerücht, die Festung stamme von „Hannibal aus Afrika".

Eine Tafel erklärt alles. Am äußeren Wall soll man links ein Stück abwärts gehen, um das Ausmaß der Befestigung zu sehen. Wieder oben auf dem Randweg kommt man bald zum Hauptweg, der rechts zur Spitze des Gräbelesbergs führt. Wunderfitzige können auf dem Randweg rechts ein nicht eingeschranktes (!), großes Loch („Keller") anschauen, etwa vier Meter tief! Unten sieht es so aus, als ob da ein Gang weiterführe. Es soll sich aber um eine natürliche Spalte handeln, die eingebrochen und zugeschüttet ist. Früher hat man sich erzählt, es sei ein Fluchtgang für die Belagerten gewesen.

Zurück nach Hossingen gehen wir auf dem breiten Weg und kommen im Wald durch den inneren und am Waldausgang durch den äußeren Befestigungswall. Zwischen Wiesen geht es zum Wanderparkplatz „Heimberg" und weiter auf dem nun geteerten Weg nach Hossingen – „Laufener Straße", *rote Raute* – hinein. Die ganze Runde ist etwa sechs Kilometer lang.

Wie kommt man nach Meßstetten-Hossingen?

Zwischen Balingen und Albstadt-Ebingen (B 463) biegt in Laufen ein Waldsträßchen durch das Tobeltal (Naturschutzgebiet) aufwärts in Richtung Tieringen/Hossingen. Früher sind in diesem Tal (Aufschlüsse auch an der Straße) viele Versteinerungen gefunden worden. Oben geht es links nach Hossingen. Parkmöglichkeiten im Ortskern. Wegweiser beim Rathaus. Unterhalb der Kirche steht das Heimatmuseum.

Heimatmuseum

Geöffnet:	Mai bis Ende Oktober jeden ersten und letzten Sonntag im Monat 10.00 – 12.00 Uhr und 13.00 – 16.00 Uhr sowie nach Vereinbarung
Auskünfte:	Telefon: 0 74 36/8 75 88 e-Mail: info@hossingen.de

Tipps:
Ganz in der Nähe liegen ein Stausee zum Schwimmen und Spielen bei Meßstetten-Oberdigisheim (siehe Kapitel 36) und das große Bade- und Freizeitzentrum „Badkap" in Albstadt mit seinem großen Wellenbrandungsbad und den warmen Becken im Freien (Öffnungszeiten erfragen unter Telefon: 0 74 31/1 60-19 30 oder im Internet unter www.badkap.de).

Kartentipp:
1 : 50 000 Landesvermessungsamt Baden-Württemberg Blatt F 526 Sigmaringen, Tuttlingen, Naturpark Obere Donau

So wie hier in Obermarchtal findet dank dem SAV jeder seinen Weg

Ins Bittelschießer Täle

Der „Förderverein Ruine Hornstein e. V." lässt sich für Kinder immer wieder etwas Neues einfallen. Noch vor wenigen Jahren war die „Fete der kleinen Schlossgespenster" der Knüller im Sommerprogramm mit der verlockenden Einladung: „Wer möchte einmal Schlossgespenst spielen auf einer richtigen Ruine?" In Leintüchern herumzuspuken in den Kellergewölben hatte lange seinen Reiz. Heute dagegen sind es die Ritter, welche die Burg erobert haben. Rückt ein Trupp heran, muss er die Parole wissen, bevor sich das Burgtor auftut. Mit Schild und Schwert, selbstgebasteltem Helm und anderen Zutaten werden Fehden ausgetragen und nach dem Kampf gibt es ein Versöhnungsfest, bei dem auch verkleidete Burgfräulein eine Rolle spielen.

Die Eltern zahlen gern dafür, denn sie geben damit auch eine Spende für den „Förderverein Ruine Hornstein e. V.". Er setzt sich seit 1988 für die Sanierung des eindrucksvollen Gemäuers ein, an dem vom Mittelalter bis ins 17. Jahrhundert immer wieder gebaut wurde.

Nach dem wilden Kampfgetümmel...

Wo steht denn eigentlich diese **Burg Hornstein**? Nicht weit von Sigmaringen, über der Lauchert, am Anfang des **Bittelschießer Tälchens**. Das ist ein kurzes Talstück des Lauchertals, wo sich der Fluss durch eine Felsbarriere hindurchwinden muss und dabei eine Schlucht ausgeformt hat. Wildromantisch! Dort stand auf einem hohlen Felsen die Burg Bittelschieß. Zwar liegt der Ort Bittelschieß südlich von Sigmaringen, doch besaßen die dort ansässigen adligen Herren ebenfalls Landbesitz in dieser „hohlen Gasse". (Es werden doch wohl keine Raubritter gewesen sein?) Jedenfalls kam die Burg noch vor 1300 in den Besitz der Habsburger. Auf Hornstein hingegen saß ein württembergischer Lehnsmann und als es am Ende des 15. Jahrhunderts eine Fehde zwischen den Habsburgern und den Württembergern gab, überfiel der Hornsteiner die Bittelschießer Burg und brannte sie nieder.

Viel ist von ihr nicht mehr zu sehen, aber deshalb geht ja wohl auch keiner ins Bittelschießer Täle. Das ist ein Stück Urwald! Senkrechte Felsen! Viele kleine Höhlen. Der Fluss rauscht hindurch. Nur an ruhigen Uferzonen könnte man – vorsichtig! – herumplantschen. Aber da ist die große Höhle mit der Feuerstelle! „Möbliert" ist sie nicht, aber zum Würstchen braten reicht es.

Vom Parkplatz ist es nicht weit. Er liegt unterhalb der Burg Hornstein an der Straße zwischen Bingen und Hornstein. Zur Ruine geht es der *gelben Raute* nach den Berg hinauf. Auch ohne „Feten" ist sie sehenswert.

... stärken sich die Ritter mit Stockbrot

Nach diesem Abstecher zur Burg Hornstein marschieren wir wieder zur Straße hinunter und auf ihr rechtsherum. Nach 150 Metern weist die *gelbe Raute* links in den „Privatweg". Er zieht über die Wiese, kurz nach links und unterm Bahngleis hindurch. Dann beginnt die Wildnis. Treppen führen über eine Felsrippe. Oben sollten wir rechtsherum gehen und das wilde Tal erst von oben betrachten. Mehrere Aussichtspunkte sind gesichert. In der Mitte kommen wir zur ehemaligen Burgstelle und schauen beim Geländer durch den „Kamin" in die große Hallenhöhle hinunter. Ein verblüffender Anblick! Bei der verhältnismäßig neuen Kapelle (um 1700) steigt man hinab ins Tal und überlegt sich, wo man rasten könnte, um das „Täle" nach rechts und nach links noch besser ausforschen zu können. Am anderen Ende liegt wieder ein Parkplatz, dessen bezeichnete Zufahrt vom Sträßchen zwischen Bingen und Sigmaringen abzweigt.

Wie kommt man nach Bingen und ins Bittelschießer Täle?
Über Sigmaringen. Von Norden her könnte man von der B 32 schon in Veringendorf abbiegen und über Hochberg nach Bingen gelangen. Dann spart man die Fahrt durch Sigmaringen.

Besonderer Tipp:
Vom „Förderverein Ruine Hornstein e. V." gibt es ein Programm, was im Sommer so läuft: Führungen durch die Ruine, Kasperletheater, Gauklerfeste, Hexen- und Gespenstertreiben, Bogenschießen – und vor allem Ritterspiele! Spielerisch lernen Kinder altes Brauchtum und Handwerk (Schmieden, Papier schöpfen). Vieles lässt sich auf Wunsch stimmungsvoll organisieren: Rittermahle, Geburtstage, Familienfeiern.

Auskünfte:	Elisabeth Volk
	Keltenstraße 14
	72488 Sigmaringen-Laiz
	Telefon: 0 75 71/5 20 50
	Internet: www.ruine-hornstein.de

Kartentipp:
1 : 50 000 Landesvermessungsamt Baden-Württemberg Blatt F 526 Sigmaringen, Tuttlingen, Naturpark Obere Donau

29 Riesen hat es nie gegeben

Die Heuneburg und ihre Fürstengräber

Im Lexikon gibt es keine „Heunen", aber eine Heuneburg. Und zwar die an der Donau bei Hundersingen. Also muss sie etwas ganz Besonderes gewesen sein. Heunen sind im alten Sprachgebrauch Riesen. Nur denen haben unsere Vorfahren zugetraut, so eine gewaltige Volksburg aufzubauen, die in ihrer Blütezeit eine rundherum schwerbefestigte Stadt auf dem Hügel war. Innerhalb und außerhalb der Mauern gehörten mindestens 10 000 Menschen zu ihr. Gezählt hat sie natürlich keiner, aber nach all dem, was von ihnen ausgegraben wurde, müssen es mindestens so viele gewesen sein, sonst hätten sie kaum die gewaltigen Bauarbeiten zur Sicherung der Stadt ausführen können.

Die Heuneburg ist ein so bedeutendes Kulturerbe, dass die Grabungen und Rekonstruktionen von der Europäischen Union gefördert werden. In unmittelbarer Umgebung der Heuneburg wurden und werden neue, kleinere Keltensiedlungen gefunden. Die Wissenschaftler vermuten, dass die Heuneburg zunächst Fluchtburg für die Siedler gewesen ist.

Bis vor wenigen Jahren gab es hier oben auf dem uralten Siedlungsplatz nichts zu sehen, obwohl schon das Heuneburgmuseum in Hundersingen die vielen Grabungsfunde aus der Heuneburg und den Fürstengrabhügeln in der unmittelbaren Umgebung zur Schau stellte. Aber wer damals hinaufstürmte auf den geschichtsträchtigen Hügel, wurde enttäuscht. Er fand nur einen Acker: Das hat sich geändert! Die Anlage nennt sich jetzt: „Archäologischer Erlebnispark Federsee-Obere Donau. Projektteil Obere Donau. Archäologisches Freilichtmuseum – Keltischer Fürstensitz Heuneburg." Am Anfang kamen die Informationstafeln und dann wurde gebaut. Zuerst die nördlich der Alpen einmalige Wehrmauer aus Lehmziegeln auf einem Kalksteinsockel. Vom Wehrgang hat man einen weiten Blick ins Land. Dahinter stehen schon einige Häuser.

Das Leben der Menschen in der Heuneburg änderte sich mit der fortschreitenden Zivilisation. Sie bauten nach mehrfachen Zerstörungen immer wieder neue Befestigungen: Palisadenzäune, Holzkastenmauern und schließlich die Lehmziegelmauer. Auch ihre Häuser, Werkzeuge und Geräte, ihre Wirtschaft und Ernährung wurden besser und vielseitiger. Die Blütezeit kam mit den Kelten vor rund 2 500 Jahren. Die bauten die Heuneburg am Schnittpunkt wichtiger Fernstraßen zum Handelszentrum aus. Die Heuneburg wurde keltischer Fürstensitz.

Im **Heuneburgmuseum** in Hundersingen erzählen die Fundstücke anschaulich von jener Zeit. In mehreren Stockwerken der einstigen Zehntscheuer sind Waffen zu bestaunen, Schmuckstücke aus Bronze,

Eisen, Gold und Edelsteinen, sogar Bernsteinschmuck aus dem Norden wurden gefunden. Sehr schöne Keramikgefäße stehen neben den Geräten fürs tägliche Leben. Eine Tonbildschau gibt noch mehr Informationen und ein Modell der vollständigen Heuneburg als Diorama ist auch aufgebaut. Sie steht da wie im hellsten Sonnenschein. Mit diesem Bild im Kopf sollten die Kinder zur Heuneburg aufbrechen.

Im Museum gibt es einen kleinen Plan für den *Archäologischen Rundwanderweg* zur Heuneburg und zu den Fürstengräbern. In der Umgebung wimmelt es nur so von Grabhügeln. Sie zu entdecken und auch zu besteigen, ist ein Erlebnis. Gleich wenn man vom Museum um die Ecke biegt, sieht man schon den *Lehenbühl*. Auf dem zweiten Hügel, kurz dahinter, hatte sich ein mittelalterlicher Ritter eine kleine Burg gebaut, weil ihm der Hügel als passender Untersatz erschien. Von der Leiche im Keller hat er wahrscheinlich gar nichts gewusst.

Wehrgang der Heuneburg

Von dieser *Baumburg* geht es bald links herum, an einer Hütte vorbei und auf einem Querweg rechts auf die Domäne Talhof zu. Dahinter liegt die Heuneburg. Der Rundwanderweg ist gut markiert mit der *keltischen Maske des weinseligen Silen* (Signet des Heuneburgmuseums). Sie führt sicher zur **Heuneburg** und nach ihrer Besichtigung weiter ein Stück neben der Fahrstraße. Bei den zwei grünen Grabhügeln auf der anderen Straßenseite biegt der Weg links in den Wald ein. An Wegweisern und Erklärungstafeln mangelt es nicht.

Das Signet und auch die *blaue Raute* führen in einigen Kehren zur Wiedhauhütte (Rastplatz) und zum **Hohmichele**, dem größten dieser Grabhügel, nicht nur bei Hundersingen, sondern in ganz Europa. Hier wurde jener Keltenfürst begraben, der um 600 v. Chr. eine Dynastie auf der Heuneburg begründete. Leider war seine Grabkammer schon ausgeraubt, als man sie 1939 öffnete. Es gab im Hohmichele aber noch weitere Gräber, die wertvolle Beigaben enthielten. Auf der nahen Straße erreicht man nach links wieder Hundersingen.

Zum Hohmichele kann man mit fußmüden Kindern auch fahren. Dazu lenkt man vom Museum aus das Auto aufs Sträßchen in Richtung Heiligkreuztal (*blaue Raute*). Zwei Kilometer sind es bis zum Wald. Nach weiteren 600 Metern führt die *blaue Raute* rechts in den Wald zum Hohmichele, der sich wie ein grüner Kegel im Wald erhebt. Ganz in der Nähe liegen weitere Grabhügel und eine keltische Viereckschanze. Ausschwärmen und suchen!

Wie kommt man nach Herbertingen-Hundersingen?
Über Riedlingen an der Donau (B 312) und weiter über Herbertingen (B 311) fährt man nach Hundersingen. Das Heuneburgmuseum in der ehemaligen Zehntscheuer des Klosters Heiligkreuztal liegt ganz oben, an der Straße nach Binzwangen.

Heuneburgmuseum

Geöffnet:	1. April bis 1. November	
	dienstags bis sonntags	10.00 – 16.30 Uhr
	montags geschlossen	
	Juli / August zusätzlich	10.00 – 18.00 Uhr

Auskünfte:	Aktionstage für Kinder und Schulklassen werden angeboten.
	Telefon: 0 75 86/16 79 oder
	Telefon: 0 75 86/91 73 03 (Verwaltung)
	(Anmeldung für Gruppen)

Unbedingt den „Rulaman" lesen!

Jeder weiß inzwischen, dass die ersten Menschen auf der Schwäbischen Alb Unterschlupf in Höhlen gesucht haben. Von den Steinzeitjägern und ihrer Jagdbeute hat man Werkzeuge, Tonscherben, Knochen und vieles andere gefunden. Damit war es möglich, ihr Leben zu erforschen.

Von diesen Menschen hat bereits vor über hundert Jahren David Friedrich Weinland in seinem spannenden Jugendroman „Rulaman" erzählt (siehe Kapitel 18). Viele Generationen haben seitdem das Buch verschlungen und nach jenen Plätzen auf der Alb gesucht, wo sich die Geschichte des Knaben aus der Steinzeit und seiner Sippe abgespielt haben könnte. In früheren Ausgaben des Buches fanden sie noch keine Landschaftsskizzen und keinen hilfreichen Kommentar, wo die Tulkahöhle und die Staffahöhle zu finden wären – am Hohenwittlingen nämlich!

Am meisten rätselten die Rulaman-Freunde daran herum, wohin die Tulkasippe mit Kind und Kegel, Sack und Pack ihre alljährliche Sommerreise unternahm. Sogar für die alte Parre wurde ein Tragsessel gebaut, denn ohne die weise Stamm-Mutter ging einfach nichts. Selbst ein junger Bär und ein zahmes Rentier trotteten mit. Eine Woche brauchten sie für die Reise zu den „See-Aimats", die am „Som-See" in Pfahlbauten wohnten.

Mit dem Einbaum unterwegs wie einst die Steinzeitjäger

Aha, Bodensee! Nein, falsch. Auf der Landkarte können wir leicht die Tulkas auf ihrer Sommerreise begleiten: vom Ermstal her zum Blautopf, ihrem „Walba-See". Von da an zogen sie weiter durch das einstige Urstromtal der Donau, dem „Ulatal". Hier fließt heute die Ach. Rast machten sie bei Stammesbrüdern, die im „Hohlen Fels" unweit von Schelklingen wohnten (siehe Kapitel 21). Dann ging es weiter am „Langen Fluss", der Donau, und dann den „Kansabach" aufwärts. Das ist die Kanzach, welche in die Donau mündet! Und wo kommt sie her? Aus dem Federsee! Da haben wir den „Som-See" der Tulkas, die hier so viele schmackhafte Welse fingen und es sich wohl sein ließen.

Das neu erbaute Dorf im Freigelände

Wie kommt Weinland auf den Federsee? Im Jahr 1866, etwa zehn Jahre, bevor sein Buch in Druck ging, wurden im Federsee-Moor und an der nahen Schussenquelle bedeutende Funde gemacht, aus denen hervorging, dass die Steinzeitjäger auch hierher gekommen waren. Später wurde bei Buchau die „Wasserburg" ausgegraben, deren Palisadenumzäunung im Moor sichtbar gewesen war. Auch an anderen Plätzen im Ried haben in vorgeschichtlicher Zeit Hütten gestanden. So also konnte der Zoologe und Völkerkundler Weinland seine frei erfundene Steinzeitsippe von der Alb zu den „See-Aimats" am Federsee reisen lassen.

Wir können ihnen hinterherfahren und erkunden, ob es von ihnen noch was zu sehen gibt. Reichlich! Alles was zu finden war, ist im **Federsee-Museum** zusammengetragen und so anschaulich aufgebaut worden, dass sich keiner langweilt. Schon das Museum selbst macht großen Eindruck, weil es wie ein Pfahlbau im Wasser steht. Hier sehen die Kinder vieles im Original oder in Nachbildungen, was im „Rulaman" nur beschrieben oder gezeichnet werden konnte: die Werkzeuge, Gefäße, die Jagdbeute, die Knochen – auch ein Mammutbackenzahn ist dabei.

Sorgfältig wird rekonstruiert und neu gebaut

Bei einem Modell der „Wasserburg" wird erklärt, wie beliebt in der Jungsteinzeit Moorsiedlungen waren. Teils fuhren die Bewohner auf Bohlenwegen mit Karren durchs Gelände – uralte hölzerne Scheibenräder sind erhalten – oder sie höhlten Baumstämme zu Booten aus. Auch solche Originale sind im Museum zu finden. Wie es sich damit fahren lässt, können die Kinder heute sogar ausprobieren!

Denn gleich hinter dem Museum wurde ein „archäologisches Freigelände" aufgebaut und zu dem Dörfle mit seinen Häusern aus verschiedenen Siedlungsperioden gehören auch (neue) fahrtüchtige Einbäume am Ufer des Museumsteiches. Ein Bootsmann bedient sie. Die aus natürlichem Material (u. a. Baumrinde, Schilf) nachgebauten Hütten sind mit nachgebildeten Geräten einstiger Bewohner ausgestattet, die man auch in die Hand nehmen darf. „Urgeschichte zum Begreifen" heißt das umfangreiche Programm der Museumspädagogen für Kinder- und Jugendgruppen sowie für Schulklassen. Auch Kindergeburtstage könnten hier gefeiert werden. Da wird zum Beispiel mit Naturfarben gemalt, getöpfert – oder gebacken und gekocht, wozu auch Funken schlagen und Getreide mahlen gehört. Das Jahresprogramm enthält viele offene Veranstaltungen mit Vorführungen für die ganze Familie! Eine weitere Attraktion außer Museum und Freigelände ist ein **Moorlehrpfad**, der vom Museum aus zu den urgeschichtlichen Moorsiedlungen führt.

Immer ein großartiges Erlebnis ist der Gang durchs **Federsee-Ried**! Im März und April machen viele Zugvögel am Federsee Rast. Im Mai brüten hier die heimischen Vögel. Im Juni und Juli werden die Jungen aufgezogen, wenn das Moor in voller Blüte steht. Da sich die standorttreuen Wasservögel an die Besucher gewöhnt haben, bauen sie ihre Nester nicht selten neben dem Steg, der vom Museum aus kilometerweit durchs Ried bis zur noch offenen Wasserfläche führt. Bootfahren ist von der Aussichtsplatte möglich. Wen jedoch das Wasser zum Baden verlockt, muss ins erfrischende Freibad gehen oder ins Thermalbad im Kurpark von Bad Buchau. Da wartet noch ein kleines Abenteuer: der Abstecher ins **Banngebiet Staudacher**. Das ist ein Stück Urwald im Moor, das sich nach dem Willen des Forstmannes Staudacher ungestört entwickeln durfte. Der Weg *Nr. 4* (Teilstück des *Hauptwanderwegs 7* des Schwäbischen Albvereins) führt durch den Kurpark auf einer birkengesäumten Allee zum Dörfchen Moosburg. Bald geht es über den Kansa-Bach, wo sich gewöhnlich Enten und Blesshühner tummeln und hinein in die grüne Wildnis des Naturschutzgebiets.

Wie kommt man zum Federsee und nach Bad Buchau?
Von Riedlingen an der Donau, Biberach und Saulgau ist es nur
noch ein Katzensprung.

[i]

Federsee-Museum

Geöffnet:	1. April bis 1. November	
	täglich	10.00 – 18.00 Uhr
	im Winterhalbjahr	
	sonntags	10.00 – 16.00 Uhr
	oder nach Voranmeldung	
Führungen:	sonntags	15.00 Uhr
Auskünfte:	Telefon: 0 75 82/83 50	
	e-Mail: info@federseemuseum.de	
	Internet: www.federseemuseum.de	

Naturschutzzentrum am Federsee

Auskünfte: Federseeweg 6
88422 Bad Buchau
Telefon: 0 78 52/15 66
e-Mail: NABU_Federsee@t-online.de
Internet: www.naturschutz-am-federsee.de

Tourist-Information Bad Buchau-Federsee

Auskünfte: Marktplatz 6
88422 Bad Buchau
Telefon: 0 75 82/93 36-0
Internet: www.badbuchau.de

Besonderer Tipp:
Der Jugendroman „Rulaman" von David Friedrich Weinland ist
bei der Deutschen Verlagsanstalt und als Volksausgabe beim
Verlag Knödler, Reutlingen, erschienen.

„Fürstens" besuchen in Sigmaringen

Noch heute lässt sich in Sigmaringen Hofluft schnuppern, denn es war bis 1849 Hauptstadt eines unabhängigen Fürstentums. Die Standbilder schon dahingegangener Landesväter zu Fuß und zu Pferde blicken wohlgefällig auf das Treiben in der engen Altstadt. Geschäfte führen stolz den Titel „Hoflieferant", „Hofkonditorei" und „Hofapotheke". Es ist fast wie im Märchen, wenn wir zum Schloss emporsteigen, um dem Fürsten einen Besuch abzustatten. Der sitzt natürlich nicht an der Kasse. Die hohen Herrschaften lassen sich nur im Ahnensaal bewundern. Doch Geduld! Die Zeit bis zur nächsten Schlossführung kann man angenehm im **Marstall-Museum** (die Eintrittskarte gilt auch hier!) unterhalb des Schlosses verbringen. Da stehen alte Kutschen, Kaleschen und Schlitten, sogar Sänften, in denen die hohen Herrschaften getragen wurden. Was ist dagegen ein „Märchenland" aus Pappe und Plastik? In Sigmaringen ist alles echt.

Im Schloss geht es zunächst steil durch einen finsteren Tunnel, in dem viele alte Waffen hängen. Aufgang und Bergfried sind die ältesten Teile der ehemaligen Burg, die schon im 11. Jahrhundert kühn auf den von der Donau umflossenen Felsen gesetzt wurde. Mehrfach hat man sie umgebaut – und das Schloss im 19. Jahrhundert „romantisiert".

Die Prunkräume, in denen für Besucher der rote Teppich ausgerollt ist, sehen noch genauso aus, als ob die fürstliche Familie sie gerade erst verlassen hätte. Bis 1944 hat sie dort gewohnt. Dann musste sie der von den Deutschen gelenkten französischen Vichy-Regierung Platz machen. Die wurde nach der Invasion der Alliierten im **Schloss Sigmaringen** einquartiert. Monsieur und Madame Laval haben in den Riesenbetten geschlafen – aber sicher kein gutes Gewissen als Ruhekissen gehabt.

Wenn sich die Kinder vielleicht gerade bei so viel Plüsch und Glanz anfangen zu langweilen, wird es für sie spannend! In der Hubertushalle sehen sie viele ausgestopfte Tiere und Geweihe. Und dann geht es hinunter in eine der größten privaten Waffensammlungen. Da stehen die Ritterrüstungen nur so herum. Kurios sind die Eisenmasken für Pferde, denn die mussten auch ihren Kopf hinhalten. Lanzen sind zu sehen, mit denen sich die Ritter aus dem Sattel gehoben haben; eiserne Bolzen für die Armbrust, Hellebarden und Schwerter. Damit ist man sich früher auf den Leib gerückt, Mann gegen Mann.

Harmlos sehen noch die Steinkugeln als Geschosse aus. Später wurden die Mordinstrumente immer raffinierter. Alle möglichen Modelle von Feuerwaffen werden gezeigt und es wird auch erklärt, wie sie funktionieren.

Zu den Grotten bei Inzigkofen

Fahren wir noch nach Inzigkofen oder in den Wildpark Josefslust (Eigentum des Fürstenhauses Hohenzollern-Sigmaringen)? Mit dem Auto kommt man – über Laiz – sehr schnell nach Inzigkofen. Aufpassen: Dort gilt der Wegweiser „Volkshochschulheim"! Durch die „Kirchstraße" geht es zum ehemaligen Kloster (Volkshochschulheim) und zur Sommerresidenz des Fürstenhauses. Um 1820 wurde auf Wunsch der Prinzessin Amalie Zephyrine der romantische Park an dem Steilhang über der Donau angelegt. Ein natürliches Grottensystem, Felsentore und Aussichtspunkte wurden mit Stegen und Stiegen erschlossen. Es kostet fast ein bisschen Mut, über die **Teufelsbrücke** zu gehen und dabei in die Tiefe zu schauen. Der leitende Architekt soll damals gesagt haben: „Der Teufel soll so eine Brücke bauen!" Niemand sollte den Abstecher zu den aufregenden Grotten versäumen. Am Parkeingang hängt ein Übersichtsplan, auf dem man sich leicht orientieren kann.

Sehenswert für Groß und Klein ist das **Bauernmuseum** in der alten Zehntscheuer des Klosters mit altem bäuerlichen Gerät und Wagenpark. Kindern imponiert besonders der Schäferkarren und der Leichenwagen.

Kinderspielplatz am Bootshaus Sigmaringen

Zum **Wildpark Josefslust** sind es nur wenige Kilometer in Richtung Pfullendorf-Krauchenwies. Gegenüber dem Eingangstor liegt ein Parkplatz. Im Gehege werden Wildschweine gehalten. Im Durchgang des Forsthauses steht ausgestopft hinter Glas einer der letzten Wölfe, die auf der Alb geschossen wurden. (Womöglich ist er immer noch beim Präparator zwecks Auffrischung!) Ein Plan am Parkeingang macht Lust auf eine längere Pirsch durch den Wildpark mit seinen herrlichen alten Bäumen, Wildwiesen und Weihern. Mittendrin liegt ein schöner Rastplatz mit Feuerstelle und Brunnen.

Wie kommt man nach Sigmaringen?
Über die Alb ist die Zufahrt durchs Laucherttal besonders schön.
Sigmaringen liegt am Schnittpunkt der B 32 und B 313.

Schloss Sigmaringen

Geöffnet:	November und Februar bis April
	täglich 9.30 – 16.30 Uhr

Mai bis Oktober
täglich   9.00 – 16.45 Uhr
Geburtstagskinder (mit Ausweis) zahlen keinen Eintritt.
Dezember und Januar nur Reisegesellschaften nach Voranmeldung, auch wegen einer Sonderführung für Kinder sollte man sich vorher anmelden. Beliebte Themen sind: alte Waffen und Folterwerkzeuge; höfische Tänze einstudieren; sich verkleiden und benehmen wie hohe Herrschaften; Märchennacht im Schloss.

Auskünfte: Fürstliche Hohenzollernsche Schlossverwaltung
Karl-Anton-Platz 2
72488 Sigmaringen
Telefon: 0 75 71/72 92 30
e-Mail: schloss@hohenzollern.com
Internet: www.hohenzollern.com

Bauernmuseum

Geöffnet: Mai bis Oktober
jeden 1. und 3. Sonntag
im Monat   14.00 – 17.00 Uhr
und nach Absprache

Auskünfte: Parkweg 7
72514 Inzigkofen
Telefon: 0 75 71/5 24 15

Kartentipp:
1 : 50 000 Landesvermessungsamt Baden-Württemberg Blatt F 526
Sigmaringen, Tuttlingen, Naturpark Obere Donau

Einkehr auf Burg Wildenstein

Nicht nur die Schlafgäste in der Jugendherberge Burg Wildenstein werden verköstigt – auch hungrige Wanderer, die nur vorüberziehen, dürfen sich im Burghof niederlassen und ihr eigenes Vesper verzehren. Getränke gibt's jede Menge. Der knurrende Magen muss sich begnügen. Landjäger oder einen Snack gibt es meistens. Die Burgschänke ist von 11.00 bis 17.00 Uhr geöffnet. Montags bleibt sie zu, ebenso im Winter.

Wer nur einen Tagesausflug zur Burg Wildenstein macht, wird beim Anblick dieses romantischen Gemäuers mit Zugbrücke, Graben, Mauern und Türmen sehr bedauern, dass er hier nicht länger bleiben darf. Unternehmen ließe sich so viel im Naturpark Obere Donau.

Für Ferienkinder gibt es ein reiches Programm, an dem das „Juhe-Team", die Forstverwaltung, die Gemeinde Leibertingen, ein Busunternehmen, eine Bootsvermietung und andere beteiligt sind. Ein „Walderlebnispfad" nahe der Burg vermittelt Wissen und sorgt mit Spielen und einer Spielburg für Spaß.

Gespickt voller Abenteuer und schöner Erlebnisse ist der Aufstieg zur Burg Wildenstein von Beuron aus. In Beuron steht bekanntlich die große Benediktinerabtei mit einer sehenswerten Kirche. Doch Baustile und Kunstwerke werden Kinder vermutlich weniger begeistern – eher schon die Aussicht, einen richtigen Mönch mit Kutte zu sehen.

Wer von **Beuron** aus loswandert, muss zu Fuß oder mit dem Auto noch sehr weit der Hauptstraße aufwärts folgen. Erst hinter der Eisenbahnbrücke hängen Wegweiser. Zuerst bleibt man noch ein kurzes Stück auf dem „Stationenweg", dann führen drei verschiedene Routen hinauf zur Burg. Auf der mittleren (*rotes Dreieck*) „Wildenstein (Alpenblick) ehem. Steighof" könnte man nach 250 Metern rechts herum den Umweg über die *Felsen des Alpenblicks* machen. Aber Felsen sieht man genug, wenn man geradeaus den Berg hochsteigt, zum Beispiel links den mächtigen *Petersfelsen* mit dem Kreuz!

Wenn man oben nach links zur „Alb-Südrandlinie" (*rotes Dreieck*) abgebogen ist, könnte man zum bizarren Petersfelsen – aber nicht mit Kindern – absteigen (Hinweisschild). Bequemer lässt sich kurz dahinter der ungefährliche *Felsen Jägers Ausblick* erreichen. Auch der kleine, angezeigte Abstecher zum *AP Altstadtfelsen* macht gewaltigen Eindruck. Aber selbst hier möchte man Kinder am liebsten an die Leine nehmen, denn es geht steil hinunter.

Auf dem Hauptweg (*rotes Dreieck*) meist im schattigen Wald, gibt es keine Orientierungsschwierigkeiten bis zur **Burg Wildenstein**. Über zwei Brücken, die den Doppelgraben überspannen, galoppieren wir als neuzeitliche Ritter auf Schusters Rappen hinein.

Durch den Doppelgraben verläuft der Abstieg durch den **wilden Tobel**. Wenn man nach der Einkehr aus der Burg kommt, geht man nach rechts und biegt bei den Stallungen wieder nach rechts. Der Weg zieht in Kehren unter beiden Brücken hindurch, wobei von hier aus die kühne Anlage erst so richtig zu sehen ist. Hinter der seitlichen Gittertür geht es dann hart an den Felsen entlang (*rotes Dreieck, Nr. 1 und 6*). Auf dem Sattel weiß man zuerst nicht, wohin – aber da führen rechts Serpentinen hinunter zum Talschluss, bei dem man sich die Augen reiben muss, ob das unwirkliche Bild im Waldesdunkel nicht trügt: eine Grotte, darüber weiße Felsen getürmt, die mit Nischen und Höhlen durchsetzt sind. Für geschickte Kletterer sind sie leicht erreichbar. Die Kinder werden nicht zu halten sein und wollen Höhlenforscher spielen.

Durch den Tobel geht es dann links abwärts, bei Querwegen immer geradeaus und schließlich über den „Donausteg nach St. Maurus und Beuron". **St. Maurus**? Das ist eine winzige Kapelle, die mit ihrer Bemalung schon von außen nach etwas Besonderem aussieht. Und drinnen erst! Sollte die Kapelle geschlossen sein, darf man sich den Schlüssel bei den Benediktinermönchen nebenan holen. Vielleicht kommt einer der Patres mit und schließt auf. Staunen werden auch die Kinder über die eigenartigen Wandbilder. Sie stammen von Pater Desiderius Peter Lenz, der im vorigen Jahrhundert die christliche Malerei erneuern wollte und um 1870 die „Beuroner Kunstschule" begründete. Die Mauruskapelle ist sein einziges, unverändert erhalten gebliebenes Werk.

Wer will jetzt noch den Heiligen Benedikt in einer Grotte sitzen sehen, mitsamt dem Raben, der ihm immer das Brot brachte, damit er als Einsiedler nicht verhungern musste? – Zu ihm steigt man links von der Kapelle hinauf. Am höchsten Punkt sitzt er im Berg.

Am besten geht man jetzt wieder zur Mauruskapelle zurück und nun rechts weiter um den Hügel herum. Kurz vor der Fahrstraße führt halb links der Radwanderweg ab. Dieser schattige Weg zieht direkt an der Donau entlang und durchquert zwei Tunnel, bevor er zur Straße und gleich wieder links durch die Flussaue nach Beuron hineinführt. Die auch für Kinder kurzweilige Wanderung ist rund zehn Kilometer lang.

Wie kommt man zur Burg Wildenstein?
Mit dem Auto fährt man fast bis vor die Tür über Beuron und
Leibertingen. Beuron als Ausgangspunkt der Wanderung liegt im
Donautal zwischen Sigmaringen und Tuttlingen.

Jugendherberge Burg Wildenstein

Auskünfte: Telefon: 0 74 66/4 11
                        e-Mail: info@jugendherberge-burg-wilden-
                        stein.de

Besondere Tipps:

Tourismusreferat des Landkreises Sigmaringen
Hier erhält man Anregungen für weitere Ziele und Unternehmungen.

Auskünfte: Telefon: 0 75 71/1 02-3 58

Fremdenverkehrsamt der Stadt Sigmaringen
Hier erhält man Anregungen für weitere Ziele und Unternehmungen.

Auskünfte: Telefon: 0 75 71/1 06-2 23
                        e-Mail: tourismus@sigmaringen.de
                        Internet: www.sigmaringen.de
                        Hier gibt es auch eine Flusswanderkarte, in
                        der Wassersportler alle Gefahren, Hindernisse
                        und Wehre eingezeichnet finden.

Bootsverleih
Einer- und Zweierkajaks mit Rückholservice:

Beuron:
Kohler, Telefon: 0 74 66/10 14
Bootsvermietung Brandenburger, Sigmaringer Straße 2, 88631
Beuron, Telefon: 0 74 66/15 25, e-Mail: info@brandenburger-
bootsvermietung.de

Bichishausen:
Volker Schmack, Telefon: 0 73 83/4 08, Telefax: 0 74 66/4 30,
e-Mail: info@kanutouren.com, Internet: www.kanutouren.com,
Donautouren nach schriftlicher Anmeldung.

Gutenstein:
Gästehaus Pfefferle, Telefon: 0 75 71/24 48,
e-Mail: info@gaestehaus-pfefferle.de

Hausen i. T. und Beuron-Thiergarten:
Besi – Kanu + Sport, Bahnhofstraße 29, 88631 Beuron-
Thiergarten, Telefon: 0 75 70/5 50, e-Mail: info@besi-kanu.de

Achtung: Für das Boot fahren auf der Donau gibt es Einschrän-
kungen. Durch eine „naturverträgliche" Reglementierung soll
dafür gesorgt werden, dass nicht zu viele Boote täglich die schmale
Obere Donau verstopfen. Die gewerblichen Bootsverleiher halten
sich an die Kontingentierung. Die privaten Bootseigentümer müssen sich ebenfalls bei der gewünschten Startstelle anmelden und
brauchen einen Berechtigungsnachweis.

Weitere Infos kann man im Internet nachlesen unter www.land-
ratsamt-sigmaringen.de.

Kartentipp:
1 : 50 000 Landesvermessungsamt Baden-Württemberg Blatt F 526
Sigmaringen, Tuttlingen, Naturpark Obere Donau

Als Schlafgast auf der Burg

Das wäre doch mal was Besonderes: nach einem erlebnisreichen Tag auf der Alb nicht heimzufahren, sondern auf einer richtigen Burg zu übernachten. So was gibt's! Der Schwäbische Albverein und das Jugendherbergswerk unterhalten einige Burgen auf der Alb als Wanderheime. Natürlich muss man sich vorher anmelden und das Quartier festmachen. Dann kann man fast wie die alten Rittersleut abends durchs Burgtor einziehen. Die Zugbrücke liegt schon unten.

Die Mitgliedschaft im Schwäbischen Albverein ist nicht notwendig, um auf den Burgen Teck und Derneck übernachten oder Ferien machen zu dürfen. Für die Unterkunft auf Burg Wildenstein muss man sich vorher einen Jugendherbergsausweis besorgen. Der kostet auch nicht alle Welt.

Burg Teck

In stolzer Höhe mit großartiger Aussicht liegt die **Burg Teck** auf einem hervorspringenden Bergsporn der Schwäbischen Alb. Sie wurde im 12. Jahrhundert von dem berühmten Geschlecht der Zähringer erbaut.

Bequeme Leute können nicht mit dem Auto bis vor die Tür fahren. Auch sie müssen vom Parkplatz noch eine ganze Weile hinaufsteigen. Unterhalb der Burg ziehen sich geheimnisvolle Höhlen in den Berg (siehe Kapitel 6).

Auskünfte:	Telefon: 0 70 21/5 52 08
	Als Wanderheim ist sie ganzjährig geöffnet. Neben Familienzimmern und Gruppenräumen werden auch Zweibettzimmer angeboten. Für Speise und Trank sorgt die Wirtschaft (dienstags Ruhetag). Kiosk ist im Sommer geöffnet.

Burg Derneck

Die romantische **Burg Derneck** liegt etwas versteckt im schönen Lautertal. Ein Degenhart von Gundelfingen hat sie im 14. Jahrhundert bauen lassen. Der Schwäbische Albverein hat die Burg gekauft und zum Wanderheim ausgebaut. Es gibt neben Mehrbettzimmern auch noch „Matratzenlager". Für Kinder ein besonderer Spaß, wenn sie vor dem Schlafen noch ein bisschen herumalbern und mit den anderen auf dem Burghof „Fangerles" spielen können.

Auskünfte:	Telefon: 0 73 86/2 17 oder
	Sylvia Stein, Telefon: 0 73 83/12 97

Vesperpause im Hof der Burg Derneck

Kapfenburg

Noch eine weitere Burg hat der Schwäbische Albverein als Wanderheim eingerichtet: die **Kapfenburg** bei Lauchheim auf der Ostalb.

Auskünfte:	Walter Schülen, Telefon: 0 90 81/32 97

Burg Wildenstein

Die **Burg Wildenstein**, schneeweiß verputzt, steht auf einem schroffen Felsen des Donautals bei Beuron. Sie stammt aus dem 11. Jahrhundert und war als Festung mit doppeltem Graben ausgebaut. Dennoch wurde sie im Dreißigjährigen Krieg von den Schweden eingenommen. 1971 hat sie das Jugendherbergswerk gekauft und zu einer modernen, aber stilvollen Jugendherberge mit 144 Betten ausgebaut.

Auskünfte:	Jugendherberge Burg Wildenstein 88637 Leibertingen Telefon: 0 74 66/4 11 e-Mail: info@jugendherberge-burg-wilden-stein.de

Natürlich gibt es auf der Schwäbischen Alb noch viel mehr Wanderheime zum Übernachten, alle landschaftlich besonders reizvoll gelegen: „Hütten" älteren Jahrgangs und Neubauten, fast so komfortabel wie Hotels. Auch die „Naturfreunde" unterhalten etwa 15 Unterkunftshäuser auf der Alb, in denen ebenfalls Nichtmitglieder aufgenommen werden. Die preiswerten Quartiere machen Wanderferien auf der Alb auch bei knapper Urlaubskasse möglich.

Schwäbischer Albverein e. V.

Auskünfte:	Hospitalstraße 21 B 70174 Stuttgart Telefon: 07 11/2 25 85-12 e-Mail: info@schwaebischer-albverein.de Internet: www.schwaebischer-albverein.de

Touristenverein „Die Naturfreunde" Landesverband Württemberg

Auskünfte:	Neue Straße 150 70186 Stuttgart Telefon: 07 11/48 10 76 e-Mail: naturfreunde-wuerttemberg@t- online.de Internet: www.naturfreunde-wuerttemberg.de

Das Deutsche Jugendherbergswerk

Auskünfte:	Landesverband Baden-Württemberg Schwieberdinger Straße 62 70435 Stuttgart Telefon: 07 11/1 66 86-0 e-Mail: djh-bad-wuert@t-online.de Internet: www.djh.de

Welcher Spielplatz wird angesteuert?

An heißen Tagen ist die Wanderlust gleich Null. Doch Herumtoben und Spielen gefällt immer, umso mehr, wenn auch Wasser dabei ist. Auf der Alb gibt es viele Spielanlagen in der Nähe von Parkplätzen. Die wenigen Schritte schaffen auch die Kleinen und man kann größeres Gepäck mitnehmen: Essen und Getränke fürs Picknick, Campingliegen, Hängematten, den Fußball, das Federballspiel. Leider wird auf Spielplätzen viel kaputtgemacht. Holzbauten werden mit der Zeit auch morsch und müssen beseitigt werden. Möglicherweise fehlt das eine oder andere Spielgerät, das bei unserer letzten „Inventur" noch vorhanden war. Außerdem sind neue DIN-Vorschriften für die Sicherheit auf Spielplätzen in Kraft getreten. Deshalb wurden von den Forstämtern und Gemeinden vorsichtshalber jene Geräte entfernt, die diesen Vorschriften nicht entsprochen haben. Wie weit „nachgerüstet" wird, bleibt abzuwarten.

Hier eine Liste von Spielplätzen, die nicht bei den anderen Ausflugstipps erwähnt wurden und die zum größten Teil das haben, was Kindern besonderes Vergnügen macht: Wasser!

Wer sich vorab über den Zustand der Spielplätze informieren möchte, sollte dies bei der jeweiligen Gemeindeverwaltung tun.

Im Seeburger Tal

Rast- und Spielplatz Gänsbuche: Ein kleiner Bach umfließt eine Insel. Das seichte Wasser kann mit Schiebern gestaut werden. Diese Plantscherei macht im Sommer viel Spaß. Feuerstelle, Schaukeln, Rutschbahn vervollständigen die Einrichtung. Viel Auslauf gibt es in diesem Seitental der Erms. Die Ruine der alten Gänsbuche steht nicht mehr. Ihr Stamm liegt zum Balancieren da.

Anfahrt:
Über Bad Urach in Richtung Münsingen. Doch schon bei der Kunstmühle Künkele ist das Ziel erreicht. In der Siedlung dahinter kann man parken, geht nach hinten über die Erms und ein kurzes Stück nach rechts. Gehzeit fünf Minuten.

Rast- und Spielplatz Harrass: Dieser große Platz liegt unmittelbar an der Erms, ist von der B 465 einzusehen und daher meist stark besucht. Ein Bach läuft hindurch, bildet kleine Seen und bietet zum Spielen am und im Wasser viele Möglichkeiten. Auf der Wiese befinden sich mehrere Feuerstellen, Tische und Bänke.

Anfahrt:
An der B 465 zwischen Bad Urach und Seeburg liegt anderthalb Kilometer hinter den Forellenteichen rechts der Spielplatz. Eine Brücke führt über die Erms zum Parkplatz. Kein Hinweiszeichen!

Kleiner Mann mit großem Hunger

Im Lautertal

Wasserspielplatz Dapfen: An einer zum Teich gefassten Quelle und an der Lauter gibt es schöne Liegewiesen, Bade- und Spielmöglichkeiten. Keine Feuerstelle. Das Wasser ist ziemlich kalt.
Anfahrt:
Dapfen liegt unweit des Gestüts Marbach. Am Ortsende links findet man einen Parkplatz.

Rastplatz Wasserstetten: An der Brücke erinnert eine bebilderte Tafel an die Schäferei auf der Alb in früheren Zeiten. Oberhalb der Brücke befand sich eine große Schafwäscherei. Hier ließe sich eine Spiel- und Rastpause einlegen (Quelle, Tisch und Bank, Wetzplatz).

Spiel- und Rastplatz Jörgenbühl: Auf einer herrlichen Wacholderheide mit weiter Aussicht liegt oberhalb von Dapfen dieser überwiegend sonnige Platz. Bänke und Tische stehen auch unter Kiefern, die Schatten geben. Zwei Feuerstellen, zwei Rutschbahnen für größere und kleine Kinder, Schaukeln, Klettergeräte, Fußballfeld und viel Auslauf erwarten die Besucher!
Anfahrt:
In der Ortsmitte von Dapfen, bei der Übersichtskarte des Verkehrsvereins Gomadingen, biegt man in den „Engen Weg" ein. Hinweis: „Sportplatz, Spielplatz, Feuerstelle". Nach anderthalb Kilometern steigt man am Parkplatz Jörgenbühl aus.

Spiel- und Rastplatz Weiherwiesen bei Buttenhausen: Bademöglichkeit in der kalten Lauter. Am sonnigen Hang zwei Feuerstellen, Sitzgruppen, kleine Rutschbahn, Klettergeräte, Schaukeln. Zwei kürzere Rundwege sind angezeigt.
Anfahrt:
Vor Buttenhausen (von Wasserstetten herkommend) biegt man rechts zum Parkplatz ein.

Spiel- und Rastplatz Anhausen: Unmittelbar an der Lauter mit Bademöglichkeit. Es gibt zwei Feuerstellen, Sitzgruppen direkt am Fluss, wenige Spieleinrichtungen (Schaukeln, Wippe), aber sehr viel „Umland". Kurze Rundwege zu Höhlen (Gerberhöhle, siehe Kapitel 24) und Ruinen sind angezeigt und ausgeschildert.
Anfahrt:
Von Indelhausen nach Anhausen abbiegen (Richtung Erbstetten!). Durch Anhausen („Schützburgweg") zum einen Kilometer entfernten Parkplatz im verkehrsfreien Teil des Lautertals. Abstecher zur Ruine Schülzburg! (Unterhalb der Schülzburg sind weiße Esel zu sehen!)

Auf der Alb

Spiel- und Rastplatz Sauberg bei Lauterach: Südhang mit schönem Ausblick auf die Donauebene, auf Obermarchtal und den Bussen. Lang gestreckter, grasiger Platz, Sitzgruppen unter Kiefern, zwei Feuerstellen. Zu verbinden mit einem Besuch in Rechtenstein (siehe Kapitel 25) und Kloster Obermarchtal.
Anfahrt:
Über die B 465 in Richtung Ehingen. Abbiegen bei Frankenhofen nach Granheim, weiter über Mundingen in Richtung Lauterach. Beim Waldaustritt liegt der Parkplatz rechts, der Spielplatz links.

Spiel- und Rastplatz Neuban: Über dem Lauchertsee (siehe Kapitel 36, Erholungsseen) liegt in 800 Metern Höhe eine Wacholderheide mit Weidebuchen, Kiefern und Wetterfichten, die fast alle leicht zu erklettern sind. Es gibt zwei Feuerstellen und eine Schutzhütte, aber keine Spielgeräte mehr. Der unbegrenzte Platz ist jedoch zum Verweilen für den ganzen Tag ideal, wenn man dem Menschengewimmel am See entfliehen möchte. Gut für Geländespiele, Anschleichen und Lagerbauen.

Anfahrt:
Auf der B 313 zwischen Reutlingen und Sigmaringen erreicht man hinter Trochtelfingen (unbedingt anschauen!) als nächsten Ort Mägerkingen. Wo das Bahngleis die Straße kreuzt, muss man links die „Neue Steige" zur angezeigten „Oase der Ruhe" emporfahren. Am zweiten Parkplatz bei den Scheuern steht eine Übersichtstafel. Bis zur Höhe geht es zu Fuß!

Rast- und Spielplatz Herrendorf: Zwischen Eglingen und Ödenwaldstetten liegt versteckt ein kleines Paradies – das nur eines bleibt, wenn sich die Besucher an den Appell des Forstamtes Lichtenstein halten:

„Liebe Besucher! Wir haben für Sie und Ihre Kinder Rast- und Spielmöglichkeiten geschaffen. Bitte helfen Sie mit, die Anlage sauber zu halten und sie vor mutwilliger Zerstörung zu schützen. Achten Sie auf die Sicherheit Ihrer Kinder, haben Sie Verständnis dafür, dass die Benützung der Spielanlage auf eigene Gefahr erfolgt."

In einer ansteigenden Wachholderheide mit viel Baumbestand und verschlungenen Schleichwegen gibt es zwei Feuerstellen, Bänke und Tische im Schatten. Spielgeräte ergänzen diese familienfreundliche Anlage. Der geschotterte Weg rechts führt zum Parkplätzchen.

Anfahrt:
Vom Lautertal bei Wasserstetten hinauf nach Eglingen und weiter in Richtung Ödenwaldstetten (Bauernhausmuseum siehe Kapitel 23). Zwei Kilometer hinter Eglingen liegt rechts der Spielplatz.

Anderer Leute Dreck wegräumen?

Aber ja! Damit wird der Spiel- oder Grillplatz für uns selber appetitlich. Kindern macht die „Putzete" sogar Spaß. Sie haben die Meinung Erwachsener noch nicht übernommen: „Ich räume doch nicht den Dreck von anderen Leuten auf" – sondern sie möchten sich eine heile Welt schaffen. Geht ganz leicht: Zwei Plastiktüten genügen; die kleinere wird über die Hand gestülpt und in die größere wird hineingesammelt. Oder man spitzt einen Stecken an und pickt damit Papier und Plastik auf, zielt in leere Flaschen hinein und hebt diese mit dem Stock auf. Eine hohe Kunst! Wenn es keine Abfallkörbe gibt, wird dichtes Gebüsch als Versteck gesucht. Den eigenen Abfall nimmt man selbstverständlich wieder mit.

Zu Schauhöhlen auf der Schwäbischen Alb

Bären- und Nebelhöhle

Wenn durch strengere Naturschutzbestimmungen „wilde" Höhlen auf der Alb unzugänglich werden sollten, ist das für Höhlenbegeisterte bitter. Sie auf die Schauhöhlen zu verweisen, bleibt ein schwacher Trost.

Doch es geht nicht in allen Schauhöhlen so lebhaft zu wie bei der meistbesuchten Erpfinger **Bärenhöhle** mit „Traumland" und Märchenpark. Schon bei der **Nebelhöhle** auf Genkinger Markung ist es stiller. Da bleibt noch etwas von Entdeckerfreude und leichtem Gruseln übrig – bei der Pirsch durch die hohen Hallen mit ihren düsteren Winkeln und Klüften, bis hinauf zum hochgelegenen Versteck des seinerzeit verjagten Herzogs Ulrich. Dass er sich dort verborgen hielt, erzählt Wilhelm Hauff in seinem Roman „Lichtenstein" in dichterischer Freiheit. Bärenhöhle und Nebelhöhle liegen auf der Reutlinger Alb, haben den Parkplatz in der Nähe.

Geöffnet:	1. April bis 31. Oktober
Auskünfte:	Telefon: 0 71 28/6 35 (Bärenhöhle) Telefon: 0 71 28/6 05 (Nebelhöhle)

Charlottenhöhle

Auf der Ostalb liegt die sehenswerte **Charlottenhöhle** bei Giengen-Hürben. Mit ihren 580 Metern ist sie die längste Schauhöhle der Schwäbischen Alb – und voll der schönsten Tropfsteine, die sich zumeist an der Decke befinden. Der oft schmale, gewundene Gang erweitert sich mehrmals zu Hallen. Die Charlottenhöhle wurde bei ihrer Entdeckung im Jahre 1893 gleich mit elektrischer Beleuchtung versehen und blieb von schwärzenden Fackeln unberührt.

Geöffnet:	1. April bis 31. Oktober täglich 8.30 – 11.30 Uhr und 13.30 – 16.30 Uhr sonn- und feiertags durchgehend
Auskünfte:	Telefon: 0 73 24/72 96 Wer – über Heidenheim – nach Hürben fährt, sollte auch die „wilden" Höhlen im Lonetal besuchen.

Kartentipp:
1 : 50 000 Landesvermessungsamt Baden-Württemberg Blatt F 16 Aalen – Heidenheim

Kolbinger Höhle

Ein Leckerbissen für Höhlenfreunde ist die **Kolbinger Höhle** auf der Südwest-Alb. Genauer gesagt: Sie liegt über Fridingen und dem Donautal. Die Zufahrt verläuft von Kolbingen her, das am Südzipfel des Großen Heubergs zu finden ist. Die Höhle wurde 1913 entdeckt und war sehr schwierig zu begehen.

Seit 1968 ist sie gut ausgebaut und überrascht die Besucher durch ihre reich mit Tropfsteinen geschmückten Hallen und gewundenen Gänge. Schon der Zugang durch das „Felsentor" ist sehr reizvoll.

Vor der Höhle lässt sich gut rasten. Es gibt eine Hütte, einen Kiosk und einen überdachten Grillplatz.

Geöffnet:	Karfreitag bis Ende Oktober	
	samstags	13.00 – 17.00 Uhr
	sonn- und feiertags	10.00 – 17.00 Uhr
Auskünfte:	Telefon: 0 74 63/85 34	

Kartentipp:
1 : 50 000 Landesvermessungsamt Baden-Württemberg Blatt F 526 Sigmaringen, Tuttlingen, Naturpark Obere Donau

Linkenboldshöhle

Eine spannende Geschichte gibt es von der **Linkenboldshöhle** bei Onstmettingen zu erzählen. Als Gustav Schwab zu Anfang des vorigen Jahrhunderts die Schwäbische Alb durchwanderte und sie beschrieb, brauchte man für die Erkundung des „Linkenbold-Löchleins" sehr viel Mut. Ein Gewährsmann, der 1801 in die Höhle einstieg, berichtete ihm darüber: „Nur einen jungen Bauernburschen konnte ich bereden, mir in die Höhle zu folgen, unerachtet mich eine Menge Menschen bis an die Höhle begleiteten. Alle fürchteten den Linkenbold, und als ich hinabstieg, war ich in ihrer Meinung entweder ein Hexenmeister oder gar des Teufels."

Niemand wagte sich hinein, weil der „Linkenbold" in der Höhle hausen sollte. Nachdem jedoch etliche Jahre später Kurfürst Friedrich einige Höhlen der Alb besucht hatte, war der Bann gebrochen. 1876 wurde gar eine „Aktiengesellschaft Linkenboldshöhle" gegründet, die den Zugang zur 220 Meter langen und mit vielen Tropfsteinen geschmückten Höhle durch einen Eingangsstollen besser erschloss und sich vom Betrieb einer Schauhöhle Gewinn versprach.

Die Begeisterung hielt nicht an. Jahrzehntelang blieb die Höhle ohne Wartung – bis der Albverein beschloss, diese bedeutende Höhle zu schützen. 1975 bekam sie eine feste Tür. Vorher holten die Albvereinsmitglieder einen ganzen Lastwagen voll Unrat heraus. Inzwischen konnten sich die von Ruß geschwärzten Tropfsteine durch frische Versinterung wieder erholen.

Wie kommt man zur Linkenboldshöhle? ℹ️
Zufahrt zur Linkenboldshöhle über Albstadt nach Onstmettingen und aufwärts in Richtung Hausen. In der Kehre nach 1 300 Metern zieht ein markierter Weg (rote Raute) rechts zur Höhle.

Geöffnet:	Nur an zwei Tagen im Jahr wird die Linkenboldshöhle für jedermann geöffnet: an Himmelfahrt und jeweils am zweiten Sonntag im September 9.00 – 17.00 Uhr. Dann ist die Höhle elektrisch beleuchtet und „gefestet" wird vor der Höhle auch. Außerdem sachkundige Führungen nach Voranmeldung.
Auskünfte:	Armin Schlaich in Onstmettingen Telefon: 0 74 32/2 16 69

Kartentipp:
1 : 50 000 Landesvermessungsamt Baden-Württemberg Blatt F 526 Sigmaringen, Tuttlingen, Naturpark Obere Donau

Falkensteiner Höhle und Gustav-Jakobs-Höhle

Zwei ganz besonders „wilde" Höhlen, in denen das Höhlenerlebnis samt Schauder voll ausgekostet werden kann, sind vom Betretungsverbot oder gar Sperrung nicht betroffen: die Falkensteiner Höhle und die Gustav-Jakobs-Höhle bei Grabenstetten. Wieso das, wenn so viele andere Höhlen im Rahmen des Naturschutzes dichtgemacht werden?

Vielleicht gerade deshalb. Ein Ventil für die Höhlenbegeisterung soll offen bleiben. Und wer hier sein großes Abenteuer haben kann, den locken die weniger aufregenden wilden Höhlen vielleicht gar nicht mehr.

Beide Höhlen sind keineswegs leicht zu begehen. Deshalb unterhält der Grabenstettener e. V. „Höhle und Karst" mit Zustimmung der amtlichen Naturschützer an den Wochenenden von Mai bis September bei der Falkensteiner Höhle einen „Höhlendienst" mit Informationsstand. Manche Besucher wissen gar nicht, worauf sie sich bei einem Besuch einlassen würden. Hier werden sie aufgeklärt! Dann fragen sie sich: Gehen wir überhaupt rein – und wie weit kommen wir mit unserer Kleidung und Ausrüstung? Vom Wagemut gar nicht zu reden.

Wen es jedoch ganz mächtig in die Unterwelt zieht, könnte bei der Arbeitsgemeinschaft „Höhle und Karst e. V." anfragen, ob eine Begleitung möglich ist. In erster Linie sind die Höhlenforscher für Gruppen, Schulklassen und Ferienprogramm-Kinder bereit, ja zu sagen und einen Termin vorzuschlagen. Natürlich nur im Sommerhalbjahr, denn vom 15. November bis 15. April sind alle Höhlen wegen der schlafenden Fledermäuse tabu. Die Vereinsmitglieder machen das ehrenamtlich, nehmen aber gern eine Spende für den Verein entgegen.

Sie begleiten auch in die **Gustav-Jakobs-Höhle**, eine über 400 Meter lange Durchgangshöhle unterhalb der Ruine Hofen. Aber von wegen: vorne rein und hinten wieder raus – so leicht ist das nicht! Die Höhle wird immer enger. Bäuchlings robbend durch den nördlichen Ausgang sieht man endlich das Tageslicht wieder. Wer das geschafft hat, was wohl mit Überwindung nur in der Gruppe möglich ist, fühlt sich als Held.

Geöffnet:	15. November bis 15. April geschlossen
Auskünfte:	Anfragen wegen einer Höhlenbegleitung bei: Christoph Gruner, Grabenstetten Telefon: 0 73 82/17 98 Petra Boldt, Schelklingen Telefon: 0 73 94/15 66

Tief unter der Erde: in der Laichinger Tiefenhöhle

Erholungsseen auf der Schwäbischen Alb

Auch das Gummiboot und die Luftmatratze müssen mit, denn das Herumpaddeln auf dem Wasser macht am meisten Spaß. Manche der Stauseen bleiben nämlich auch im Sommer kühl. Flossen? Warum nicht. Nur die Tauchermaske wird nicht viel nützen, denn das Wasser ist „naturtrüb". Bei schönem Wetter jedoch kann man sich an den Ufern fühlen wie am „Teutonengrill" der Adria, selbst wenn das Baden nicht überall erlaubt ist. Dann badet man in der Sonne und steckt auch mal die Füße ins Wasser.

Über die Wasserqualität informiert die jeweilige Gemeindeverwaltung oder die Badegewässerkarte Baden-Württemberg (Internet: www.lfu.baden-wuerttemberg.de) der Landesanstalt für Umweltschutz.

Erholungsanlage Lauchertsee

Die **Erholungsanlage Lauchertsee** bei Mägerkingen bietet Tausenden Platz. Nur das Parken wird bei großem Andrang schwierig. Baden und Bootfahren ohne Motor geschah lange „auf eigene Gefahr". Nach einem Badeunfall im sehr kalten Wasser hat man kurzerhand ein Schild aufgestellt: „Baden und Bootfahren verboten" und sich damit aller Verantwortung enthoben. Ohnehin wächst im sehr flachen See viel Grünzeug, obwohl einmal im Jahr „gemäht" wird. Das Baden wäre also kein Vergnügen, aber die Liegewiesen rings um den rund zwei Hektar großen See sind weiträumig und gut gepflegt. Manche Leute bringen Sonnenschirme mit, da Schattenplätze bei den noch wachsenden Bäumen rar sind. Tische und Bänke stehen im Gelände, ebenso eine moderne Grillanlage.

Auf dem großen Spielplatz vergnügen sich die Kinder an Schaukeln, Rundlauf, Wippe und Wachttürmen. Am Kiosk gibt es Eis, Getränke, Pommes und andere Magenfüller. Hier befinden sich auch die Toiletten.

Wie kommt man hin?
Kurz hinter Mägerkingen in Richtung Gammertingen (B 313) ist die Erholungsanlage „Lauchertsee" angezeigt. Es geht nach rechts und wieder rechts zu den Parkplätzen hinunter. Zugang zum See durch die Straßenunterführung.

Auskünfte: Gemeindeverwaltung Engstingen
Telefon: 0 71 29/96 58 64

Einkehr:
See-Kiosk Lauchertsee, Telefon: 0 71 24/14 66

Freizeitanlage Lauchertsee

Erholungsgebiet Wiesazseen

Im **Erholungsgebiet Wiesazseen** hinter Gönningen liegen übereinander einige kleine Seen auf den Terrassen eines ehemaligen Tuffsteinbruchs. Durch Wasserfälle sind sie miteinander verbunden. Nach dem Willen der Planer sollten die Seen nur die Landschaft verschönern, ökologische Ruhezonen für Pflanzen und Tiere sein. Doch wo ein See lächelt, lädt er auch zum Bade. Obwohl inzwischen auch am unteren See Schilder aufgestellt wurden: „Kein Badegewässer!", wird lustig gebadet, vielfach oben und unten „ohne". Denn ein Badeverbot gibt es schließlich nicht. Es gibt keinerlei Zweckbauten, auch keine sanitären Einrichtungen. Hinweistafeln beachten!

Wie kommt man hin?
Über Reutlingen, Gönningen und weiter in Richtung Genkingen. Wenige Kilometer hinter Gönningen liegt rechts der Parkplatz.

Stausee Schömberg

Der **Stausee** in **Schömberg** ist ein großes Rückhaltebecken des Neckarzuflusses Schlichem. Das Gebiet um den Stausee wurde großzügig als Erholungsgebiet ausgebaut, mit aufgeschüttetem „Strand", Liegewiesen, Sitzplätzen, Baumgruppen und grünen Ufern. Das vom DLRG überwachte Strandbad (mit sanitären Einrichtungen oben beim DLRG-Haus) liegt am unteren Ende des Sees. Aber auch hier geschieht das Baden „auf eigene Gefahr". Die Flachzone für Kinder und Nichtschwimmer ist doch recht schmal. Eigene Schlauchboote können eingesetzt, Ruderboote, Tretboote und solche mit Elektromotor gemietet werden. Der See erreicht im Sommer angenehme Temperaturen. Der Weg rund um den See ist auch für Radfahrer frei. Beim Zufluss der Schlichem gibt es eine Brücke.

Unter den Gasthäusern am See bietet das Hotel „Waldschenke" für Kinder besonders viel. Durch ein hübsches Zwergenland fährt das *Stausee-Bähnle* jeweils drei Runden und nimmt am Bahnhof immer wieder neue Passagiere mit. Es geht durch Tunnels, an einer Burg und an vielen bunten Modellbauten berühmter Fachwerkhäuser aus ganz Württemberg vorüber. Darunter sind auch die Rathäuser von Bad Urach und Markgröningen. Im kleinen Märchengarten laufen Rotkäppchen und der böse Wolf einander nach. Beim Hexenhaus hockt der eingesperrte Hänsel im Stall.

Hier lässt es sich auch bei großer Hitze aushalten – am Stausee Schömberg

Wie kommt man hin?

Schömberg liegt an der B 27 hinter Balingen. Schon am Ortsein-gang ist der „Stausee" auf weißem Schild angezeigt. Man fährt links in den Ort und weiter den Schildern „Palmbühl, Kirche, Stausee" und „Waldschenke" nach, schließlich abwärts und direkt über den Staudamm. Kurz dahinter teilt sich die Straße. Rechts herum geht es zur „Waldschenke", links zum Palmbühl und dem riesigen Parkplatz (800 Meter weiter) gegenüber der Kirche. Man muss über das Bahngleis! Ein Fußweg führt in drei Minuten zum See.

Einkehr:

Stausee Restaurant Waldschenke, Beim Stausee 4,
Telefon: 0 74 27/81 88

Kartentipp:

1 : 50 000 Landesvermessungsamt Baden-Württemberg Blatt F 526
            Sigmaringen, Tuttlingen, Naturpark Obere Donau

Stausee Oberdigisheim

Der **Stausee** bei **Oberdigisheim** auf dem *Großen Heuberg* (Hochwas-serrückhaltebecken Kohlstattbrunnenbach) ist etwa 300 Meter breit und 400 Meter lang und hat klares, kühles Wasser. Die Uferzonen sind begrünt, der Einstieg wird über Stufen erleichtert. Es geht gleich ziemlich tief hinein. Baden ist auf eigene Gefahr erlaubt, ebenso das Befahren mit leichten, aufblasbaren Schlauchbooten. Modellboote ohne Verbrennungsmotoren dürfen nur außerhalb der Badesaison eingesetzt werden. Windsurfen ist verboten. Ein schöner Spielplatz mit Seilbahn, Rutschbahn, Wippe, Schaukeln, Klettergerüst und Feuerstelle liegt am oberen Teil. Ein Rundweg führt vom weiter oben angelegten Parkplatz (mit Toiletten) rund um den See. Es gibt eine *Kneippanlage* mit einem *Barfußpfad*.

Wie kommt man hin?

Von Balingen (B 27) aus über den Lochenpass nach Tieringen oder von Schömberg aus über Ratshausen und Tieringen nach Oberdigisheim. Der Stausee liegt an der Straße nach Obernheim, Parkplätze oberhalb und unterhalb des Sees.

Auskünfte: Gemeindeverwaltung Tieringen
                       Telefon: 0 74 36/3 66
                       Internet: www.tieringen.com

Kartentipp:
1 : 50 000 Landesvermessungsamt Baden-Württemberg Blatt F 526
Sigmaringen, Tuttlingen, Naturpark Obere Donau

Itzelberger See

Im **Itzelberger See** zwischen Heidenheim und Königsbronn plantschen manche an der flachen Uferzone, obwohl das Wasser sehr kalt bleibt! Die Brenz entspringt im nahen Königsbronn und erwärmt sich auf ihrem kurzen Weg bis zum einstigen Fischweiher des Zisterzienserklosters Königsbronn kaum. Im eigenen Gummiboot „Böötles" fahren ist möglich. Am Ufer gibt es eine Liegewiese, einen Spielplatz mit vielen Geräten, daneben eine Minigolfanlage (Café Seeblick). Viele Wasservögel sind zu beobachten (geschützte Vogelinsel). Vom Itzelberger See bis nach Königsbronn (siehe Kapitel 2) ist es nur ein Katzensprung!

Auskünfte: Gemeindeverwaltung Königsbronn
Telefon: 0 73 28/96 25-0
Internet: www.koenigsbronn.de

Einkehr:
Café Seeblick, Telefon: 0 73 28/63 27, montags Ruhetag

Kartentipp:
1 : 50 000 Landesvermessungsamt Baden-Württemberg Blatt F 16
Aalen – Heidenheim

Härtsfeldsee

Der große **Härtsfeldsee** auf der Ostalb ist bei Surfern, Wassersportlern und Anglern sehr beliebt. Gebadet wird vor allem am nördlichen Ufer, doch trüben viele Wasserpflanzen zeitweilig das Vergnügen. Parkplätze gibt es am nördlichen und südlichen Ufer, ebenso einen Kiosk, WC und einen Kinderspielplatz. So manches „Seefest" wird im Sommer gefeiert und die Vereine sorgen für Bewirtung. Infos im Internet unter www.dischingen.de oder im Rathaus Dischingen unter Telefon 0 73 27/81-0.

Wie kommt man hin?
Abzweigung von der Straße zwischen Dischingen und Neresheim.

Kartentipp:
1 : 50 000 Landesvermessungsamt Baden-Württemberg Blatt F 16
Aalen – Heidenheim

Strandbad Krauchenwieser See

Mehrere Seen sind beim Kiesabbau im Ablachtal entstanden. Durch Sandaufschüttung wurde im **Krauchenwieser See** ein langer Strand geschaffen. Auch Kleinkinder können am seichten Ufer mit Eimerchen und Schippe sandeln. Größere bauen Häfen und Kanäle, springen zwischendurch schnell mal ins Wasser, das im Sommer ziemlich warm wird. 26 °C sind schon gemessen worden. Schlauchboote können eingesetzt werden. Nur der Rettungsdienst darf mit Motorkraft fahren!

Im eingezäunten Strandbad, wo es natürlich Eintritt kostet, ist für alles gut gesorgt. Rote Bojen begrenzen den flachen Uferteil für Nichtschwimmer. Die DLRG passt auf, dass niemand ertrinkt. Es gibt Umkleideräume, Duschen, WC, einen Kiosk, der Imbisse, Getränke und Eis verkauft. Spielgeräte für Kinder sind aufgestellt. Gelagert wird auf sauberem Rasen.

Außerhalb der Badeanstalt müssten die Schwimmer auf eigene Gefahr ins Wasser springen und zusehen, wie sie an den steilen Ufern wieder herauskommen. Segler, Paddler und Surfer werden auf dem Krauchenwieser Badesee nicht geduldet. Sie haben sich zum benachbarten, größeren Gewässer, dem *Zielfinger See*, verzogen und sich dort wie ein riesiger Schwarm bunter Schmetterlinge auf einer Wasserpfütze niedergelassen.

Wie kommt man hin?

Das Strandbad Krauchenwies liegt an der Straße zwischen Sigmaringen und Pfullendorf. Vom Wildpark Josefslust sind es nur noch drei Kilometer bis ins Ablachtal. Links bei der Brücke ein Hinweis: „Strandbad, Kieswerk Steidler". Man fährt also links heraus und unten wieder nach links. Es gibt zwei Parkplätze hintereinander.

Das Badevergnügen lässt sich gut mit einem Besuch im *Fürstenschloss Sigmaringen* und im *Wildpark Josefslust* verbinden (siehe Kapitel 31).

Geöffnet:	In der Badesaison ist das Strandbad täglich von 9.00 – 20.00 Uhr geöffnet.
Auskünfte:	Herbert Weidinger (DLRG) Telefon: 0 75 76/70 08

Kartentipp:
1 : 50 000 Landesvermessungsamt Baden-Württemberg Blatt F 526
Sigmaringen, Tuttlingen, Naturpark Obere Donau

Damit der Ausflug „spitze" wird

Was nimmt man mit? Was zieht man an? Was muss man wissen?

Ausflüge auf die Alb sind keine Sonntagsspaziergänge. Die wären ja auch langweilig. Also nur bequeme „Klamotten" anziehen, die dreckig werden dürfen. Turnschuhe sind beliebte Allzwecktreter. Wenn es aber in Höhlen geht, braucht man feste Stiefel oder sogar Gummistiefel.

Höhlenschutz ist oberstes Gebot

Ehrensache, dass wir in den Höhlen weder etwas wegwerfen – auch nicht das kleinste Bonbonpapier – und dass wir keine Steine abschlagen oder irgendwas kaputtmachen. Weil unvernünftige Besucher in den Höhlen so viel Schaden angerichtet haben, zum Beispiel Tropfsteine beschädigten, auf Sinterbecken herumtrampelten, ihre Namen ankritzelten, Feuer anzündeten und sogar Grillfeste darin feierten, sind manche Höhlen schon verschlossen worden – und andere könnten deswegen noch gesperrt werden. Ist das nicht schade?

Die Höhlenkluft

Da man sich in Höhlen oft mit Lehm beschmiert, wären ein Overall oder „blauer Anton" zweckmäßig, den man überzieht und hinterher wieder abstreift, denn sonst kann man sich an diesem Tag nicht mehr unter Menschen sehen lassen. Wasser, Seife und Handtuch sollten immer im Auto sein.

In den Höhlen ist es kühl, deshalb braucht man auch im Sommer zusätzlich etwas Warmes. Auf jeden Fall muss der Kopf geschützt sein, denn die Höhlendecke reicht oft weit herunter. Praktisch wäre ein Fahrradhelm aus Plastik. Besser als nichts ist eine Mütze, die man mit anderen Kleidungsstücken (Schal, Pulli, Handtuch) ausstopft. So gepolstert kann die Kopfschwarte einen Puff vertragen, ohne dass gleich Blut fließt.

Von unterwegs nimmt man einen Knüppel mit – und wieder aus der Höhle heraus! Kommt in der Höhle eine Pfütze, lässt sich damit die Wassertiefe ausmessen, ob die Gummistiefel hoch genug sind. Es ist aber auch kein Beinbruch, wenn sie voll laufen.

Starke Taschenlampen mit hintereinander geschalteten Batterien sind notwendig. Kleine Dinger leuchten nicht weit. Wenn die Lampe an einer Schnur um den Hals getragen wird, geht sie beim Herunterfallen nicht kaputt und man hat notfalls beide Hände frei zum Abstützen. Keine rußenden Partyfackeln mitnehmen und kein Feuer in der Höhle machen, auch nicht am Eingang! Durch Hitze und den sich ausdehnenden Wasserdampf in den Felsspalten könnten Steine herausgesprengt werden.

Keine waghalsigen „Mutproben"

Bei den größtenteils ungesicherten Randfelsen darf man die Kleinen nicht von der Hand lassen. Von den Größeren muss man verlangen: Zwei Meter Abstand von der Kante! Dieses Sicherheitsgebot nimmt ihnen die eigene Angst und schützt vor waghalsigen Mutproben. Selbstverständlich müssen die Eltern Vorbild sein und sich selber an das Sicherheitsgebot halten. Die zweite Regel: Auf Hangwegen immer an der Bergseite gehen! Und die dritte: Bei gefährlichen Stellen gibt es kein Herumalbern, Schubsen oder Bubeln.

Ein Seil oder eine Wäscheleine können trotzdem nützlich sein. Bei steileren Absätzen, auch in Höhlen, kann man Kindern Steighilfen geben. Das beruhigt und sieht zünftig aus. Ein Seil wird leicht zum Spielgerät beim Schaukeln oder Seilspringen. Über eine gespannte Leine lässt sich ein Faustballspiel organisieren. Mit einer Leine und einer darübergelegten Decke ist schnell ein Zelt gebaut.

Rasten an der Feuerstelle

Früher haben die Wanderer auf der Alb irgendwo ein paar Steine zusammengelegt und dazwischen ein Feuer gemacht, um ihre Würste zu braten. Das ist wegen der Zerstörung der Bodenflora und der Waldbrandgefahr nicht mehr erlaubt. Dafür sind viele Grillplätze eingerichtet worden, die jeder kostenlos benutzen darf. Oftmals liegt sogar noch das Feuerholz bereit. So gut geht es den Ausflüglern in anderen Bundesländern nicht!

Grillplätze sind auch in den topographischen Wanderkarten eingezeichnet, so dass man vorher schon planen kann, wo die große Fütterung stattfinden soll. Viele schön gelegene Grillplätze können auch mit dem Auto erreicht werden oder liegen in der Nähe von Parkplätzen, so dass Salatschüsseln, Getränke, Brot und Fleisch nicht während der ganzen Unternehmung mitgeschleppt werden müssen.

Packt die Badehosen ein!

Auf der „karstigen" Alb, wo das Wasser versickert, gibt es mehr Bademöglichkeiten, als man glaubt. Im einzigen Karstsee bei Schelklingen, der mit der Höhe des Grundwasserspiegels mal erscheint und wieder verschwindet, ist Baden nicht möglich. In Fluss- und Bachläufen (Große Lauter) ist das Wasser sehr kalt. Aber es gibt einige Stau- und Baggerseen mit Badebetrieb und in vielen Gemeinden Frei- und Hallenbäder. Gar nicht zu reden von den verlockenden Spaß- und Spielbädern mit Wellenschlag und Rutschbahn. Es wäre doch zu schade, in der Nähe eines Bades zu sein und kein Badezeug dabeizuhaben.

Großfossilien im Limesmuseum Aalen

Wo findet man Versteinerungen?

Die Schwäbische Alb war früher einmal der Boden eines Meeres, auf dem sich etliche hundert Meter hoch Kalkschlammschichten abgelagert haben. Eingeschlossen darin wurden (jetzt versteinerte) Meerestiere oder deren Reste, in großer Anzahl Ammoniten. Aber nicht alle Schichten sind gleichmäßig mit diesen Fossilien durchsetzt. In manchen „wohlgebankten" Kalken des Weißen Jura findet man kaum welche; die weicheren Kalkmergel dagegen enthalten recht viele Versteinerungen. Besonders ergiebig sind die Schichten des Schwarzen Jura (Holzmaden, Urweltmuseum!), aber die liegen im Albvorland und nicht „auf" der Alb.

Richtig suchen – auf eigene Gefahr – lohnt am ehesten dort, wo die Erde aufgegraben wurde, beim Bau von Straßen, Wegen, Autobahnen, Kläranlagen, Häusern – und wo Steinbrüche den Berg geöffnet haben. Zuständige muss man vorher um Erlaubnis fragen! Gefährlich sind Steinbrüche, auch aufgelassene – mit noch steilen, einsturzgefährdeten Wänden!

In welcher Gegend man fündig werden kann? Eigentlich überall auf der Alb. Manche Sammler loben die Balinger Gegend, andere die Ostalb. Am besten untersucht man den vom Berg abgerutschten Hangschutt und schaut überall dort nach, wo viele Steine herumliegen. Aber das braucht man Kindern nicht zweimal zu sagen. Wenn sie suchen und sammeln können, sind sie kaum weiterzubringen. Mancher hat auch schon ein hübsches Stück vom Weg aufgeklaubt, der nur mit Kalkschotter belegt war.

Kleinfossilien selber klopfen

Was sind denn „Schwammstotzen"?

Im Albrand und in den Albtälern fallen herausragende Einzelfelsen auf. Manchmal ist es eine Säule, oftmals sind es riesige Klötze. An ihnen ist keine Schichtung zu erkennen, deshalb heißen sie auch „Massenkalke". Entstanden sind sie, wie man heute weiß, hauptsächlich durch Schwammkolonien, aber auch durch Algen und Korallen, die im Flachwasser des Jurameers wucherten. In ihnen sammelte sich der Kalkschlamm reichlicher und dichter. Feste Riffe entstanden. Nachdem sich der Meeresboden gehoben hatte und zum Gebirge geworden war, widerstanden diese Riffe oder Schwammstotzen besser der Abtragung durch Wasser und Wind als die sie umgebenden Kalkschichten. Bei den Schwammstotzen kann man höchstens kleine Schwämme, sonst aber kaum Versteinerungen finden.

Warum so viele Höhlen?

Der Kalkstein ist durch die Verbindung von Regen und Kohlensäure wasserlöslich. Allein beim Durchgang durch die Luft- und Humusschichten nimmt der Regen Säure auf. Wenn das Wasser dann in Risse und Fugen eindringt, kann es Schächte und Höhlen auswaschen. Irgendwo kommt das Wasser wieder zu Tage – in einer noch aktiven Quellhöhle etwa (Wimsener Höhle) oder in einer Karstquelle wie dem Blautopf. Die Auflösung des Kalkgesteins mit sämtlichen Folgen nennt man Karst-Erscheinungen. Dazu gehören auch die Trockentäler auf der Alb, weil das Niederschlagswasser im porösen Kalkstein versickert.

Der gelöste Kalk kann sich auch als „Sinter" wieder absetzen: in Höhlen zu Tropfsteinen, Becken und Terrassen. Im Freien baut er als Kalktuff den Wasserfällen immer längere Abflussrinnen (Uracher Wasserfall, Gütersteiner Wasserfälle) und ganze Bergvorsprünge (Hochwiese beim Uracher Wasserfall). Albtäler (Wiesaz, Erms) sind durch ihre Bäche mit Tuffstein angefüllt worden, der zum Bauen verwendet und früher in den Steinbrüchen herausgesägt wurde.

Die schönsten Tropfsteine und Sinterbildungen sind in dem runden Dutzend bewirtschafteter Schauhöhlen auf der Schwäbischen Alb zu sehen. Darüber hinaus sind bis jetzt über 2 000 „wilde" Höhlen bekannt.

Wie entstehen Höllenlöcher?

Weiche Mergelschichten im Untergrund sind schuld, wenn eine Hangkante auf der Alb seitlich abrutscht. Die dabei entstehenden Spalten tragen Namen wie „Höllenlöcher" oder „Gespaltener Felsen".

Als Spielplatz ideal: Wacholderheiden

Die trockenen, steinigen Böden auf der Albhochfläche wurden und
werden gern als Schafweiden genutzt. Wacholder haben sich angesiedelt, Weidebuchen machen sich breit, unter denen Hirt' und Herde
Schutz finden. Auf den typischen Wacholderheiden sind heute vielfach Spielplätze und Feuerstellen eingerichtet worden.

Wann kommt das nächste Erdbeben?

Aufregend ist, dass es auf der Schwäbischen Alb eine Erdbebenzone
gibt: den berühmten Zollerngraben bei Albstadt. Da hat es schon oft
gewackelt. Das große Erdbeben von 1911 spürten die Menschen bis
nach Stuttgart hinein. Die Kirche in Streichen – am sehenswerten
Hundsrücken – stürzte zusammen, ein Rest von ihr wird in der neuen Kirche aufbewahrt. Aber 1978 war es fast genauso schlimm: Viele
Häuser gingen kaputt. Solche „tektonischen Beben" sind
Bewegungen in der Erdkruste. Denn unter der Alb zieht sich eine alte Bruchspalte durchs Gestein, die schon damals im Tertiär bei der
Hebung des Meeresbodens entstanden sein muss und die sich immer
wieder einmal ruckartig verschiebt. Dabei stürzen auch Hohlräume
ein. So ein Erdbeben kündigt sich meist mit einem unheimlichen
Rauschen und Grollen an, so dass den Leuten im Zentrum des
Bebens angst und bange wird. Weiter davon entfernt denken die
Menschen womöglich nur, es sei ein Lastwagen vorbeigefahren, der
die Scheiben klirren und das Haus ein wenig zittern ließ.

Ob noch mal ein Vulkan ausbricht?

Mit Vulkanausbrüchen haben die Erdbeben nichts mehr zu tun, obwohl es auf der Alb vor vielen Millionen Jahren einmal eine gewaltige
Explosion von Gasen und Dämpfen gegeben hat, so dass das flüssigfeurige Erdinnere fast bis an die Oberfläche stieg. Das Zentrum lag
zwischen Kirchheim und Bad Urach. Vor und auf der Alb sieht man
heute noch ein paar hundert Vulkanschlote. Ein richtiges, mit
Wasser gefülltes vulkanisches Maar ist die Hüle in Zainingen. Im
großartigen Randecker Maar ist mit dem Zipfelbach das Wasser seitlich abgeflossen.

Wieso kommt heißes Wasser aus der Erde?

Dass die Erdwärme an manchen Stellen höher hinaufreicht als anderswo, hat mit dieser vulkanischen Tätigkeit zu tun. Überlegungen
zur Nutzung der Erdwärme sind schon angestellt worden. Bisher
freuen sich einige Albgemeinden, dass ihre Bohrung nach Thermalwasser erfolgreich war und ihre Badegäste auch im Winter im Freien
schwimmen können.

Auskünfte: Schwäbischer Albverein e. V.
Hospitalstraße 21 B
70174 Stuttgart
Telefon: 07 11/2 25 85-12
e-Mail: info@schwaebischer-albverein.de
Internet: www.schwaebischer-albverein.de

Touristikgemeinschaft Schwäbische Alb
Marktplatz 1
72574 Bad Urach
Telefon: 0 71 25/94 81 06
e-Mail: tgsa@schwaebischealb.de
Internet: www.schwaebischealb.de

Unser treuer Begleiter auf vielen Touren: Henry

Der Schwäbische Albverein – von jung bis „alt", Landschaft und Geschichte(n) erleben, Natur schützen und Traditionen pflegen

Liebe Kinder,
verehrte Leserin, lieber Leser,

an die 120.000 Mitglieder in beinahe 600 Ortsgruppen machen den Schwäbischen Albverein e. V. zum größten Heimat- und Wanderverein Europas, womöglich gar der ganzen Welt. So umfassend sein Vereinsgebiet und seine Mitgliederzahl, so vielfältig zeigt sich auch seine Aufgabenstellung – als er 1888 einer Initiative von Verschönerungsvereinen erwuchs, war all dies noch nicht abzusehen. Damals investierten Kreise des Bildungsbürgertums Geld und Muse in die Erkundung lokaler Geschichte und den Erhalt sowie den Zugang von Baudenkmälern, aber auch landschaftlicher Schönheiten. Aus der Erkenntnis, dass sinnvolles Engagement oftmals nicht an der Gemeindegrenze Halt machen konnte, trafen sich am 13. August 1888 12 Persönlichkeiten im Plochinger „Waldhorn". Hatten diese zunächst nur den Nordrand der Schwäbischen Alb im Blick, weitete sich ihr Augenmerk bald auf die gesamte Alb mit ihrem Vorland. Schon die Satzung von 1889 legte den Schwerpunkt auf die Förderung des Wanderns mit allen hierzu dienlichen Einrichtungen, die Pflege der Natur sowie die Vermittlung von Geschichte und Kultur der betreffenden Region. Mittlerweile erstreckt sich das Gebiet des Vereines auf ganz Württemberg, in Teilen gar darüber hinaus.

Mit Kindern auf die Schwäbische Alb: Um die 10.000 km von ehrenamtlich Aktiven des Schwäbischen Albvereins betreute Wanderwege allein hier bieten für alle Generationen eine unendliche Vielzahl an Möglichkeiten naturnaher Erholung und reicher persönlicher Erfahrungen abseits unserer Alltagswelt. Ob felsige Hänge, bewaldete Steillagen, Blumenwiesen im vollen Blütenkleid, Trockentäler, Tropfsteinhöhlen, Burgen und Schlösser, Abteien, liebliche Dörfer und historische Stadtkerne – für alle gibt es was zu entdecken, jede Wanderung hat ihren eigenen Reiz auch und gerade für Kinder. Mit unseren Aussichtstürmen und Wanderheimen bieten sich weitere Attraktionen und lohnenswerte Ziele. So versteht sich demzufolge der Schwäbische Albverein als Familienverein im besten Sinne, können an seinen Aktivitäten doch in der Regel alle Familienmitglieder gemeinsam teilhaben und ihre Interessen verwirklichen. Viele Jugend- und Familiengruppen bieten darüber hinaus spezifische Veranstaltungen wie Freizeiten, Ausflüge und Naturerlebnisse an, in denen auch soziale Verantwortung zur Geltung kommt. Anleitung finden die jungen Teilnehmerinnen und Teilnehmer hierbei durch ehrenamtliche, eigens geschulte Jugend- und Freizeitleiter, welche wiederum durch eine eigene Jugendgeschäftsstelle und einen Bildungsreferenten unterstützt werden. So gibt es einen Kurs „Junges Wandern" mit interessanten Anregungen, wie Wanderungen kindgerecht zu gestalten sind. Viele Aktivitäten des Schwäbischen Albvereins beziehen sich außerdem auf Naturschutz und Landschaftspflege und erhalten die zu erwandernden Schönheiten. Nicht zuletzt finden Kinder und Jugendliche in großer Zahl Gefallen an unseren kulturellen Initiativen, beispielsweise im Volkstanz, und sorgen so dafür, eine liebens- und lebenswerte, an Traditionen reiche Heimat mit Leben zu erfüllen und bewusstes Interesse für andere Regionen zu entwickeln.

Diese Aktivitäten finden ihren Niederschlag in unserer Mitgliederzeitschrift, den „Blättern des Schwäbischen Albvereins". Alle zwei Monate erscheinen hier aktuelle Reportagen und Artikel zu unseren Themen Natur-Heimat-Wandern. Im selben Rhythmus gibt es für den Jugendbereich die „Stufe" mit altersbezogenen Inhalten.

Sie sind herzlich eingeladen, an unseren Veranstaltungen teilzunehmen. Schon jetzt wünsche ich Ihnen dabei und beim Wandern auf unserer schönen Schwäbischen Alb viel Spaß!

Ihr Erwin Abler M.A.
Hauptgeschäftsführer des Schwäbischen Albvereins e.V.

Kontaktadresse: Schwäbischer Albverein e.V., Hospitalstraße 21 B, 70174 Stuttgart; Telefon 0711/22585-0, Fax 0711/22585-92; info@schwaebischer-albverein.de; www.schwaebischer-albverein.de

Ortsverzeichnis

(mit Kapitelangaben)

120 Seiten, 42 Zeichnungen,
17 Kartenskizzen

Wir laden Sie ein, mit uns in den Alltag vergangener Zeiten einzutauchen. In kindgerechter, verständlicher Form entwirft **Edmund Kühnel** Stimmungsbilder aus der Ritterzeit, die Kinder und Eltern gleichermaßen in ihren Bann ziehen. Er beantwortet Fragen nach dem Speiseplan und den Eßge-wohnheiten der damaligen Zeit, erklärt welche Kleidung getragen wurde, wie bestimmte Bräuche und Sprichwörter entstanden sind und vieles mehr. Darüber hinaus enthält der Band informative Skizzen und Wegbeschreibungen für Ihren Ausflug sowie Hinweise auf Feuerstellen, kulinarische Empfehlungen für das Picknick und viele Infos zu den einzelnen Burgen.

ISBN 3-87230-577-8

132 Seiten, 47 Farbfotos

Naturerlebnisse besonderer Art bietet der Tübinger Sozialpädagoge **Hans-Joachim Haupt** den Familien an, die abseits der bekannten Pfade auf der Schwäbischen Alb unterwegs sein wollen. Die wunderbare Welt der Höhlen zu entdecken und zu erforschen ist mit diesem Führer problemlos möglich, dafür sorgen ausführliche Kapitel zur Sicherheit und zum Thema Höhlenschutz. Auch das Thema Naturschutz wird eingehend erklärt. Alle Befahrungen wurden mit Kindern getestet, die Ziele sind nach Risikostufen sortiert. Ausführliche Tipps zur Ausrüstung, Anfahrt und zu ergänzenden Zielen in der Umgebung der Höhlen werden mit Wandervorschlägen, Grill- und Rastmöglichkeiten ergänzt und garantieren so einen unvergesslichen Ausflug für Klein und Groß.

ISBN 3-87230-576-X

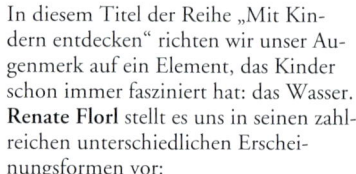

In diesem Titel der Reihe „Mit Kindern entdecken" richten wir unser Augenmerk auf ein Element, das Kinder schon immer fasziniert hat: das Wasser. **Renate Florl** stellt es uns in seinen zahlreichen unterschiedlichen Erscheinungsformen vor:

Wasser als Lebensraum und Lebensmittel;
Wasser unter der Erde, z. B. in Höhlen;
Wasserkraft in Form von Stauseen und Mühlen;
Wasser als Transportmittel;
Wasserfälle, Flüsse und Quellen;
Wasser, das einlädt zum Spielen, Experimentieren und Plantschen.

Ein ausführlicher Info-Teil am Ende jedes Kapitels gibt Auskunft über Anfahrtswege, Öffnungszeiten und Eintrittspreise.

144 Seiten, 29 Schwarzweiß-fotos, 6 Kartenskizzen

ISBN 3-87230-546-8

Renate Florl lädt Sie ein, mit Ihren Kindern die Welt der Technik zu erleben. Nutzen Sie die Gelegenheit, in Gottlieb Daimlers Wohnzimmer zu schmausen oder fleißigen Handwerkern bei der Arbeit zuzuschauen. Mütter werden ihre Freude daran haben, bei der Fertigung von Schmuck und Uhren dabei zu sein, und die Herzen der Väter werden bei Eisenbahnen und Dampfloks höher schlagen. Aber vor allem neugierige Kinderfragen werden beantwortet: im Eisenerzbergwerk bei Neuenbürg oder im Stadt- und Technikmuseum Pforzheim. Alles kinderleicht und bestimmt nicht langweilig! Ein ausführlicher Info-Teil am Ende jedes Kapitels gibt Auskunft über Anfahrtswege, Öffnungszeiten und Eintrittspreise.

144 Seiten, 29 Schwarzweiß-fotos

ISBN 3-87230-551-4

Will man das Leben der Dorfbevölkerung um die Jahrhundertwende verstehen, so besucht man am besten mit unseren Autoren **Katja Kern** und **Arne Kertelhein** eines der zahlreichen Freilichtmuseen im süddeutschen Raum. Der Erlebnisführer befasst sich im allgemeinen Teil mit dem Entstehen der Freilichtmuseen, der Land- und Hauswirtschaft sowie dem Handwerk der damaligen Zeit. Geräte und Maschinen werden mittels Zeichnungen und Fotos erläutert. Die Ausflüge zu den einzelnen Freilichtmuseen im zweiten Teil des Buches enthalten unter anderem Hinweise auf Handwerksvorführungen und Museumsfeste, die besonders für Kinder zu den Highlights zählen. Jedes Kapitel ist mit dem ausführlichen Info-Teil versehen, der neben Anfahrt, Öffnungszeiten und Eintrittspreisen auch weitere Ziele in der Umgebung nennt, damit der Ausflug gründlich geplant werden kann.

144 Seiten, 24 Schwarzweißfotos

ISBN 3-87230-556-5

Ein Hauch von Abenteuer weht durch die Gänge unterirdischer Höhlen und Bergwerke. Das Gefühl, tief im Bauch der Erde unterwegs zu sein und auf den Spuren längst vergangener Zeiten zu wandeln – all dies vermittelt das Sach- und Wanderbuch von **Birgit Mayer**. Zuflucht und Lebensraum für Mensch und Tier, Schauplatz zahlreicher Sagen und Geschichten und Anschauungsobjekt für Höhlenforscher und Naturliebhaber – das sind die Höhlen der Schwäbischen Alb. In den weitläufigen Stollenlabyrinthen der Schaubergwerke hingegen scheinen geheimnisvolle Schätze verborgen zu sein, die von Zwergen, Drachen und Erdmännchen bewacht werden. Dem Besucher öffnet sich aber auch ein Einblick in die unbekannte Arbeitswelt der Bergleute. Eine Fahrt mit der Grubenbahn, ein Besuch im Mineralienmuseum und vielleicht anschließend noch eine kleine Wanderung? Die Ausflüge enthalten neben Infos zu Anfahrtswegen, Öffnungszeiten und Eintrittspreisen auch Tipps zur weiteren Gestaltung des Tages.

144 Seiten, 33 Schwarzweißfotos

ISBN 3-87230-555-7

155 Seiten,
49 Farbfotos,
21 Karten

Auch für erfahrene Autoren wie **Ute** und **Peter Freier** eine Herausforderung: aus unzähligen Zielen der Hochfläche der Schwäbischen Alb kindgerechte Radtourn auszuwählen und dabei nichts zu kurz kommen zu lassen. Höhlen, Quellen, Versteinerungen, Spielplätze, Museen, Einkehrmöglichkeiten... Alle Wege und Ziele sind für die Familie, besonders aber für die Kinder, ausgesucht und ausprobiert. Umfassende Info-Teile erleichtern die Vorbereitung schon zu Hause. Speziell angefertigte Karten veranschaulichen den Streckenverlauf. Viele der zwanzig Touren beinhalten Varianten zur Verlängerung oder Kombination mit anderen Touren, aber auch Abkürzungen für Familien mit kleinen Kindern.

ISBN 3-87230-568-9

96 Seiten,
39 Farbfotos,
7 Karten

In der Reihe erscheint erstmals ein Band über einen speziellen Radwanderweg: den 115 Kilometer langen Enztalradweg. **Renate Florl**, erfahrene und bewährte Autorin weiterer Bände in unserem Verlag, hat die Strecke zwischen Enzklösterle und Walheim auf ihre Kindertauglichkeit hin getestet. Hierbei ziehen familiengerechte Ziele, Sagen, Märchen und Geschichten Kinder wie Eltern in ihren Bann.

Dank detaillierter Angaben von An- und Rückreisemöglichkeiten mit öffentlichen Verkehrsmitteln oder mit dem Auto sind Eintagesrouten genauso leicht zu planen wie Mehrtagesrouten mit Übernachtungen. Ausführliche Info-Teile zu Zielen entlang der Strecke, wie immer mit Hauptaugenmerk auf die Interessen der Kinder, sowie speziell angefertigte Karten garantieren ungetrübten Radelspaß für Jung und Alt.

ISBN 3-87230-580-8

144 Seiten,
42 Farbfotos,
18 Karten

Bettina Schümann führt in diesem Band zu Zielen vom südlichen Isartal ins Fünf-Seen-Land. Dabei legt sie Wert auf Anreise mit dem MVV, auf Strecken für Kinder jeden Alters und auf Ziele entlang der Route zum Staunen und Spielen, Baden und Plantschen, Rasten und Ruhen. Aber auch die Großen kommen nicht zu kurz: Bei schönem Wetter laden Biergärten und Strandbäder ein. Als Bonbon für Kinder hat die Autorin Vorschläge für besondere Geburtstagsfeste, wie z. B. im Planetarium oder im Tierpark. Am Ende jedes Kapitels sind Info-Teile mit Angaben zu Öffnungszeiten, Preisen, Telefonnummern usw. Auch sind die Touren durch eine Alterseinschätzung der Autorin gegliedert, so dass den Eltern die Auswahl erleichtert wird.

ISBN 3-87230-575-1

156 Seiten,
40 Farbfotos,
21 Karten

Unsere Autorin **Renate Florl** hat schon einige Bücher für die Reihen „Mit Kindern unterwegs" und „Mit Kindern entdecken" verfasst. Diesmal war sie mit ihrer Familie per Rad unterwegs. Das Neckartal zwischen Heidelberg und Ludwigsburg und der Kreis Heilbronn haben ihre Geheimnisse verraten. Traumhafte Ziele, ideale Verkehrsanbindungen, auch mit öffentlichen Verkehrsmitteln, und jede Menge attraktive Ziele entlang der Radstrecke machen diese Region zum Knüller für radelnde Familien, egal ob mit kleinen Kindern oder mit anspruchsvollen Jugendlichen. Ausführliche Info-Teile erleichtern die Planung schon zu Hause; speziell für dieses Buch gezeichnete Karten veranschaulichen den Streckenverlauf.

ISBN 3-87230-566-2

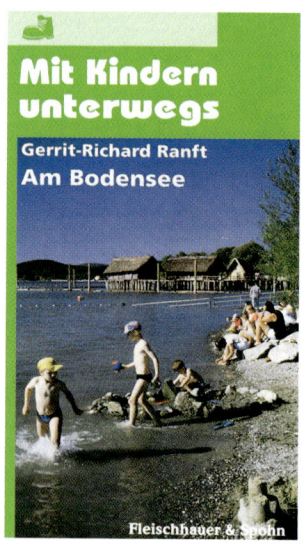

150 Seiten, 50 Farbfotos

Gerrit-Richard Ranft fasst in diesem Erlebniswanderführer die schönsten Ausflüge und Ziele am Bodensee zusammen und lädt ein, Neues zu erfahren oder Bekanntes wieder zu entdecken: z. B. den Affenberg in Salem, eine Wanderung durch die Mariaschlucht, die Büffelherde am Bodenwald oder das Ravensburger Spieleland. A propos: Käpt'n Blaubär hat für dieses Buch exklusiv eine Geschichte erlogen – Entschuldigung: erfunden! Die einzelnen Ausflüge und Wanderungen sind so gewählt, dass sowohl Kinder als auch Erwachsene Spaß daran haben. Ein Info-Teil am Ende jedes Kapitels mit Hinweisen auf Spiel- und Grillplätze, Strandbäder, Museen und Tourist-Informationen erleichtert die Planung und Vorbereitung.

ISBN 3-87230-564-6

144 Seiten, 63 Farbfotos

Manfred Kittel führt Familien mit Kindern anschaulich und kindgerecht durch die einzigartige Landschaft des Bregenzerwalds. Ob für einen Wochenendausflug oder für den großen Familienurlaub: Dieser Führer darf in keinem Rucksack fehlen! Begleitet werden die beschriebenen Touren von einer Vielzahl schöner Sagen und Geschichten, die von den Bewohnern dieser Region schon seit ewigen Zeiten von Generation zu Generation weitergegeben werden. Den Kindern vor dem Ausflug als Einstimmung vorgelesen oder begleitend während der Wanderung erzählt, werden die Drachen, Geister und andere Sagengestalten zu neuem Leben erweckt und zu unsichtbaren Begleitern der Tour.
Ein übersichtlicher Info-Teil am Ende des Kapitels erleichtert die Vorbereitung der Planung des Ausflugs.

ISBN 3-87230-581-6

144 Seiten, 40 Farbfotos

Dieser Band des beliebten Reisejournalisten **Gerrit-Richard Ranft** wurde von vielen Familien sehnsüchtig erwartet. Der Spessart ist noch immer ein weitgehend unentdecktes Ausflugsziel, in dem es wahrlich viel zu ergründen gibt. Das größte zusammenhängende Laubwaldgebiet Deutschlands ist ein ideales Ziel für Familien: Märchen, Sagen und Geschichten rund um eine Vielzahl von Burgen, Schlössern und Museen, dazu die Ruhe und Abgeschiedenheit herrlicher Wanderwege, lassen den Wochenend-Ausflug oder die Ferienwoche zum gemeinsamen Erlebnis für Klein und Groß werden. Ausführliche Info-Teile mit vielen praktischen Hinweisen zu Anfahrt, Öffnungszeiten... erleichtern die Planung und den Aufenthalt.

ISBN 3-87230-579-4

144 Seiten, 46 Farbfotos

Renate Florl hat für die zweite Auflage des Bandes ihre Heimat wieder einmal neu entdeckt. Und diese Neuentdeckungen fließen ein in die Kapitel über Räuberwege, Natur- und Waldlehrpfade, einen Irrlauf durch das Maislabyrinth und viele mehr. So ist statt einer Neuauflage ein völlig neues Buch entstanden. Alle Touren sind natürlich kindgerecht ausgewählt und auf die Bedürfnisse der ganzen Familie abgestimmt. Im unerlässlichen Info-Teil am Ende jedes Kapitels erfährt der Leser wie immer alle wissenswerten Daten und Fakten zu Anfahrtswegen, Öffnungszeiten, Telefonnummern und anderen wichtigen Hinweisen, die ihm die Vorbereitung des Ausflugs erleichtern. Zahlreiche Farbfotos machen schon beim ersten Durchblättern Lust auf neue Touren!

ISBN 3-87230-582-4